≡ 昌明文庫・悅讀人物 ≡

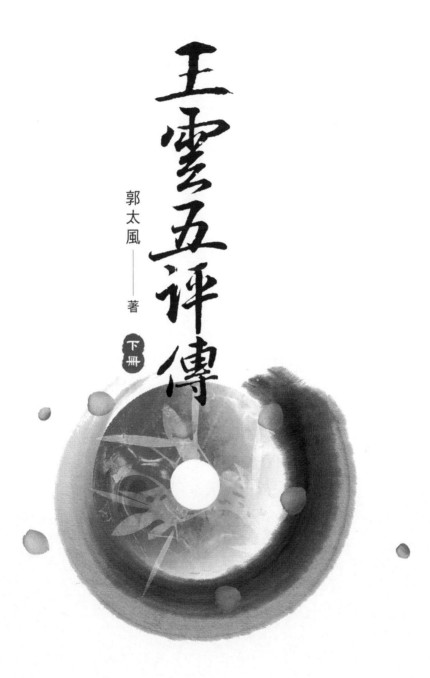

王雲五評傳

郭太風——著

下冊

目錄
CONTENTS

第十章

在金圓券風潮中

擔綱「幣制改革」，釀成金圓券風潮。是「始作俑者」，還是「代人受過」？金圓券改制草案俱在，王雲五是關鍵人物。

國民黨政府擴大內戰，軍費開銷龐大、財政入不敷出的情形日益嚴重。彌補財政赤字主要乞靈於濫發紙幣，這必然導致物價飛漲，而惡性通貨膨脹又使財政預算進一步失控。到 1948 年 6 月南京政府的財政收入僅及支出的 5%。何況，法幣貶值由來已久，積弊甚深，以致 1948 年 8 月 19 日幣制改革方案出臺這一天，法幣發行總量已相當於發行之初 1937 年 6 月的 47 萬倍，各地物價指數上漲五、六百倍。這種狀況，非但預示著南京政府瀕臨經濟崩潰的邊緣，而且國統區民怨鼎沸，社會動盪，統治基礎發生動搖。棄法幣，發行新幣，在一些黨政要人看來似乎是一根挽救經濟危機的稻草。發行金圓券便是國民黨政府「幣制改革」的重大舉措，欲借此抑制脫韁野馬般奔騰的通貨膨脹，挽救國統區財政危機，湊集更多的資金投入內戰。王雲五在這場幣制改革中起了至關重要的作用，後來被臺灣輿論稱為「始作俑者」。但是，王雲五與金圓券的發行究竟有多少關係，許多論及國統區經濟危機的著作對此語焉不詳。在王雲五去世後不久，臺灣報刊一片喧鬧，宣傳他的文化貢獻與「政績」，其間不免有過譽之辭。最為出格的是史學家沈雲龍，他提出在金圓券案中王雲五是「代人受過」，而且金圓券發行也有功不可沒之處：

此一幣制改革，于金圓券發行四十天內，以紙易金，經兌得黃金、美鈔逾三億元，充實外匯準備，厥功甚偉。惟四十天后，金圓券幣值低落，幾同廢紙，千萬人民財產，頓化烏有，不值一文，影響民心、士氣及國運興替殊巨，大陸沉淪，要為主因，弟終疑此項改革原

案，非王氏本意，而為勇於代人受過所致[1]。

沈雲龍所謂的王雲五「勇於代人受過」，所代者為誰，未予明說，亦無暗示。筆者認為，王雲五在金圓券問題上有「過」是無庸諱言的，無法用「代人受過」為他解脫干係。據王雲五自述，金圓券發行的前一年，他在行政院副院長任內時，眼看法幣不斷貶值，便認為唯有實施徹底的貨幣改革，才能挽救財政危機，但他那時仍指望於用美援作幣制改革的保證。後來，國民黨政府代表團訪問美國時提出這一要求，但美方不同意增撥專款幫助搞幣制改革。此後，王雲五「傾向于先賴自己的力量開始改革，等到有了初步的效果，再爭取幣制益加鞏固。[2]」由此可見，王雲五早就有了改革幣制的想法，授予他這項權力的則是蔣介石。若說「代人受過」，只能是「代蔣受過」。

1948 年 5 月，蔣介石吩咐中央銀行行長俞鴻鈞擬訂幣制改革方案。俞鴻鈞奉命設立研究小組，成員為上海金融管理局局長吳大業，經濟研究處副處長林崇墉、方善柱，中央銀行稽核處負責人李立俠。他們四個人在上海外灘匯中飯店開了兩間房間，經秘密研究，確定三項原則：一、在內戰形勢下，幣制不宜作根本性改革；二、如採取輔助措施，法幣尚可支撐一個時期；三、建議擴大採用抗戰前發行關金券的方法，以穩定稅收，整理財政，解決收支相差懸殊的問題。據此，四人小組提出發行一種稱為「金圓」的貨幣，作為法幣之輔助，用於買賣外匯和交納稅收，不在市面上流通，並估計若實行這種辦法，財政收入可相當於支出的 40%以上。這一方案新意不多，只是

<hr />

1 沈雲龍：《王雲五與金圓券案質疑》，載臺灣《傳記文學》第 35 卷第 4 期。
2 《自述》，第 495 頁。

參照過去發行關金券的辦法，有限度地擴大使用範圍。蔣介石不同意採取這一方案[3]。

　　在四人小組研究方案的同時，蔣介石又令王雲五單獨研究幣制改革方案。這正合王雲五之意。從擔任財政部長之日起，王雲五便日夜思考，如何將幣制改革的設想付諸實踐。富於想像力，堪稱王雲五的思維特色。玄想，未必是壞事，豁然開朗的剎那間，往往會產生創造性思維的火花。從阿拉伯數字聯想到漢字，發明了四角號碼檢字法；從「小圖書館」的遐想，構思出《萬有文庫》，都成為世人公認的創造性成果。編輯中國式百科全書、《萬有文庫》、《大學叢書》、《中山大辭典》，無論成功還是失敗，其中的創造精神一以貫之，是值得肯定的。然而，玄想與想入非非也僅有一紙之隔，若將玄想用於行政決策，尤其是事關全域的決策，則一念之差，往往全盤皆輸。王雲五認為，只要硬性規定某種貨幣的堅挺度，以強有力的政府手段為保證，必定能套住通貨膨脹這匹野馬，在懸崖邊上拯救國統區經濟。在擬訂幣制改革計畫之前，他進行了一個月的調查研究工作，首先令部門主管人員查詢所有關於幣制改革的舊方案和意見，然後傾聽有關人員的見解，最後對數十種檔和意見進行分析，以他自己原有設想為主體，形成基本思路，於7月7日擬就《改革幣制平抑物價平衡國內及國際收入方案》，呈交行政院院長翁文灝，並請「轉呈總統」。蔣介石原則上認可此方案，令秘密研討，儘快形成正式方案。王雲五所擬的這一方案共有32條，即發行金圓券的最早草案。7月9日至28日，翁文灝、王雲五、俞鴻鈞以及3名專家組成六人小組，密議此方

3　李立俠：《金圓券發行前一段舊事》，載《文史資料選輯》第55輯。

案，並以多數意見為准作了些修改。由於原方案很長，討論意見的形成過程頗為繁複，照單全抄篇幅過大。但這份方案是由王雲五「獨創」的，是研究王雲五和金圓券問題很有價值的材料，棄之不錄又很可惜。據此，筆者採用折衷的辦法，擇要摘錄各條文，系原文者打引號，括弧內寫討論修改意見及筆者簡要說明或分析[4]。

第一條　「採行管理金本位制，於最短時期內發行新幣」。

第二條　「新幣單位定名為中華金圓」。

〔修改意見：」中華金圓」改為」金圓」。按：簡化新幣名稱。〕

第三條　金圓與美幣掛鈎，對美元的比值為3比1。

〔修改意見：金圓對美元比值由3比1改為4比1。〕

第四條　發行的準備金為美金3億，其中，中央銀行現有黃金、白銀為1.1億；國家銀行移存於中央銀行之外匯為0.6億；同盟勝利美金公債基金因大部分改兌法幣，其兌剩之部為0.7億；美金儲備券基金兌剩之部為0.2億；臺灣、東北之銀行外幣、外匯及敵偽產業為0.4億。

〔修改意見：發行準備金由3億美元減至2億美元。按：三、四兩項資金此前已從中央銀行調撥用盡，王雲五不明內情，僅憑帳面記錄，在準備金中誤加入1億美元。這1億美元用於何處，系何時撥出？財政部長王雲五和中央銀行總裁俞鴻鈞皆茫然不知，唯中央銀行副總裁劉攻芸居時作了含混的解釋。由此可見，國民黨政府財政金融責權不明，管理混亂，幣制改革談何容易。後來，王雲五把準備金不足、宋子文等人擅自動用中央銀行資金，作為幣制改革失敗的重要原

4　此方案全文載《自述》，第495—498頁;討論意見全文載同書第499-510頁。

因，為自己開脫責任。〕

第五條　依據前項的準備金，發行額以9億金圓為限。另發行輔幣1億元，不需準備。

〔修改意見：改發行全國9億元為20億元。按：準備金減少了三分之一，金圓發行額反而增加1倍多，致使準備金大為不足，新一輪通貨膨脹的隱患已潛伏於此。〕

第六條　設金圓券發行監理委員會，以財政部長、中央銀行總裁、審計部審計長、立法監督兩院委員代表各二人、外籍顧問二人及全國商業聯合會、工業聯合會、銀行業公會代表各一人為委員。

〔修改意見：立法、監察兩院委員和外籍顧問不必加入監理委員會。按：王雲五堅持認為，外國顧問加入該會可穩定民心，有利於獲取外援。他對不允外國顧問加入這條修改意見很不滿，認為由此失去了外援機會，他的信心也為之動搖。〕

第七條　金圓券對內不兌現，對外按有關條款兌給外匯。

第八條　所有法幣、東北流通券及台幣，于金圓券發行三個月內，全部以金圓券收兌，逾期作廢。

〔修改意見：台幣仍暫保留。按：台幣的特殊性與臺灣的重要性有關。其時，因戰場屢屢失利，國民黨最高層已考慮把退守臺灣作為最後一策，當然不允許台幣冒風險，這是黨外的「社會賢達」王雲五還不能理解的奧妙。〕

第九條　金圓券以1比120萬的比率收兌法幣。

〔修改意見：收兌比率改為1比300萬。按：與會者大多對法幣的飛漲有預感，故而將比率調高。6周後實施幣制改革時，法幣又漲了1倍半，當時的300萬元正好與擬訂方案時的120萬元等值。〕

第十條　公債一律按金圓券幣值清理。

第十一條　「黃金收歸國有，由政府規定價格，以金圓券限期收購，逾期發現，除每人所帶金飾重量不滿一市兩者外，一律沒收」。

〔修改意見：刪去「收歸國有」字樣，以免刺激民眾；每人帶「金飾重量不滿一市兩」改為「小量金飾」。〕

第十二條　「外幣一律收歸國有，由政府按金圓券對美幣折合率，以金圓及金圓公債各半限期收購，逾期發現，一律沒收」。

〔修改意見：所收購之外幣全部兌給金圓券。按：原案外幣兌給金圓及金圓公債各半，其實質是以公債形式凍結所收購的一半外匯，使之無法兌換成流通貨幣。由此可見，王雲五原案「損民利國」之甚。〕

第十三條　「國人所有外匯及外國證券限期登記，應登記而不登記，或登記不實者沒收並罰款。前項資產除有正當理由必須由原主保留者外，其餘之部分如系外國證券，由政府估價，以金圓公債收購；如系外匯，比照外幣，由政府按折合率，以金圓及金圓公債各半收購」。

〔修改意見：外匯及外國證券可全部兌付金圓券，允許私人在名義上保留外幣與外國證券，但不得隨意動用，修改後的文字為「私人所有外國證券及外匯一律移存中央銀行，於有必要用途時申請提出應用，並隨時按匯率售歸政府」。按：外匯及外國證券交存中央銀行，字面上比原案不許私人保存寬鬆些，但實質並無區別。而且，參加討論者大多明白，南京政府風雨飄搖，一旦政權垮臺，已交存中央銀行的私人外匯及外國證券實際上便會變凍結為沒收了。〕

第十四條　舊銀元以 1 比 1 的比率兌換金圓。

〔修改意見：1銀元兌金圓券2元。按：原案過分損民。〕

第十五條　「文武職公教人員薪水暫按目前折實數（即三十元以下不折，超過三十元者每十元作一元計），改發金圓。……國營事業人員之待遇，所有超過規定之待遇一律取消」。

〔修改意見：公務員工薪40元以內部分不打折；超過40元不滿300元部分，每10元折合2元實給。按：修改意見比原案稍寬鬆。〕

第十六條　「實行裁併騈枝機構，並裁汰冗員，士兵名額嚴格複實」。

〔修改意見：士兵名額問題不宜過分突出，改為「文武機關員工士兵名額應嚴格複實」，刪去「裁併騈枝機構，並裁汰冗員」。按：修改後的措辭表面嚴厲，其實含混，避免了整飭武官吃空餉的問題，也回避了裁併機構可能產生的麻煩。〕

第十七條　「私人企業職工薪水……除一年或半年度考績加薪外，非經政府核准不得加薪」。

〔修改意見：將「非經政府核准不得加薪」改為「經政府核准仍可加薪」。按：修改後的條文反話正說，較原文緩和而實質不變。〕

第十八條　公私員工不得再按生活指數調整薪水。

〔按：凍結工資又一招。〕

第十九條　「公私員工年終所得獎勵金視為超額所得，一律征其所得百分之五十」。

〔修改意見：這條刪去。按：對年終獎金課以重稅系節外生枝，很可能引發民眾普遍反抗而使幣制改革無法推行，所以刪去。據王雲五自述，參與討論者對此大多頗有顧忌。〕

第二十條　嚴格限價，都市日用品價格未經許可，不得超過金圓券發行前一日之價格。

第二十一條　「金圓券發行前若干日，同時將滬、津、穗、漢四市之公私倉棧封鎖檢查，登記存貨，禁止貨單買賣，並限制提貨數量」。

〔按：此條後來在執行中頗有問題。上海在金圓券發行前做到局部執行。天津、武漢、廣州三城市在金圓券發行前未執行此條，發行後也未認真執行。〕

第二十二條　「金圓券發行前若干日，將滬、津、穗、漢四市之商業銀行行庫及各銀行出租保管箱一律暫行封鎖」。

〔修改意見：撤銷此條。按：王雲五堅稱此條甚為關鍵，可使大戶豪門無法隱匿黃金、外幣，並可抑制商業銀行的金鈔買賣。他認為，由於這條被廢止，致使幣改實施後民間怨言四起，「說此次售給政府的黃金、外幣，大多出自老百姓和小商人，而真正的大戶豪門仍然漏網，甚至後來竟利用為擾亂市場之工具者」。這番話顯然是幣制改革失敗後王雲五自我辯解之辭，但他始終堅持這條，也有「出於公心」的一面，就是為南京政府有效斂財。然而，大戶豪門中有不少是朝內高官，既要打擊他們，又要為政府效力，兩者豈能統一！〕

第二十三條　「政府收購黃金外幣外匯及銀幣等所需之金圓，即以所得之標的物加入準備，比例增加發行」。

第二十四條　「切實增進各種稅收，其稅率低於戰前標準者，應參照戰前標準調整之；奢侈品之課稅標的，並應提高其稅率」。

第二十五條　「嚴格控制預算之歲出，非確有必要不得追加」。

〔按：國民黨政府為了保住政權，視任何軍費支出為「必要的」。

僅此一項，便決定了預算無從嚴格控制。〕

第二十六條　力保明年國內預算收支平衡。

第二十七條　為求國際收支平衡，采取以下措施：現行輸出結匯證取消；產品輸出所得全部外匯由政府按折合率以金圓收購；輸入品嚴格限制；「政府所需外匯，除軍需品以美元應付外，應力謀節省」；金圓與美元聯繫後，爭取國際基金貸款，以「維持幣值」。

〔修改意見：結匯證暫行取消，必要時再考慮恢復。按：結匯證始自 1948 年 6 月，含打擊外匯黑市、鼓勵出口之意。王雲五堅持取消結匯證，目的在於維持金圓券對外幣的匯兌率。〕

第二十八條　國營大企業發行股票，「作為發行金圓券之準備」。

第二十九條　「貸款政策徹底修正。國家銀行除以收入存款貸放外，絕對不得以增加發行貸放」。

〔修改意見：本條改為「國家銀行局庫不得以任何方式作商業性質之放款；對於奉行國策之貸款，並應考核資金運用及成效之責，由主管機關妥定辦法嚴格執行」。按：修改後的條文，為」商業性質」之外的貸放款網開一面，致使金圓券發行後不到兩個月，各方向中央銀行透支或獲取貸款的金圓達 3 億多元，占當時金圓券發行量的四分之一。要改革，又必須為權勢在握者網開一面，這是官僚體系的腐敗所決定的。〕

第三十條　「自金圓券發行之日起，所有存放款一律改按戰前利率」。

〔修改意見：原文無斟酌餘地，修改為「市場利率應予抑低」。按：又是富有彈性的修改，勢必難以有效抑制利率，從而間接影響物價。〕

第三十一條　消除生產障礙，增進生產。

第三十二條　厲行節約。海關及國內市場沒收之有關物品，「一律由政府再輸出，以易外匯」。

由上述修改意見可以看出，王雲五原文可能影響豪門大戶利益之處，幾乎都被軟化或刪除。南京政府的財政部長與當年商務印書館總經理不可同日而語。前者雖然地位顯赫，畢竟只是國民黨政府的工具，背後受許多雙手的控制與操縱；後者卻是一方至尊，個人意志便是法規，並能一手推行下去。再者，「一‧二八」事變後王雲五改革商務印書館與這次幣制改革，似乎都因「國難」而發動，但改革商務印書館處於中華民族抵禦外侮的歷史背景下，為國難而振興文化大得人心。這次幣制改革，為少數人的利益而救所謂的「國難」，要大多數人為此勒緊褲帶，必定大失人心。「失道寡助」，是這場幣制改革註定要失敗的深層原因。

六人小組討論後，王雲五根據修改意見，將草案內容分為五大類，親自擬稿，分別寫成《金圓券發行辦法》、《人民所有金銀外幣處理方法》、《中國人民存放國外外幣資產登記管理辦法》、《整理財政加強管制經濟辦法》及《金圓券發行監理委員會組織規程》。由於保密極為重要，檔的起草和謄清均由王雲五一手包辦，而且在家裡撰寫，免生不測。這些文件草案形成後，再次舉行六人小組秘密會議，審議推敲，作修正潤色。然後，小組中的三位關鍵人物——財政部長王雲五、行政院長翁文灝、中央銀行總裁俞鴻鈞將修正後的四種「辦法草案」面呈總統蔣介石，頗得贊許。按常例，如此重大的財政改革舉措，需要提交立法院討論。但是許多立法委員不贊同大動干戈地搞

幣制改革。據黃元彬回憶，王雲五擔任財政部長不久，即派次長徐柏園到立法院貨幣小組會上要求授權財政部長改革幣制，遭到貨幣小組負責人劉健君和黃元彬的斷然拒絕[5]。蔣介石對立法院的不配合很為不滿。這次四種「辦法草案」已擬就，理應交立法院審議，王雲五等人也提醒蔣介石顧及慣例。蔣介石不耐煩地說：「不必了，時間來不及了。立法院人多口雜，保密工作不好辦。草案一旦洩密，人心浮動，幣制改革還能搞嗎？」蔣介石決定繞過立法院，強制推行幣制改革。

於是，蔣介石帶上草案清樣，上莫干山去研究了幾天。7 月 29日，蔣介石在莫干山召見行政院長翁文灝、外交部長王世傑、財政部長王雲五、財政次長徐柏園、中央銀行副總裁劉攻芸、臺灣省財政廳長兼美援會聯絡人嚴靜波（家淦），商議推行幣制改革事宜。蔣介石開門見山地說：「今天請諸位上莫干山，討論王雲五草擬的金圓券方案。我看，收集金銀外幣，控制物價，平衡財政收支，凡此種種，都是必要馬上採取的措施。搞幣制改革嘛，難免有點風險，諸位不妨暢所欲言。」翁文灝、劉攻芸等多人參與六人小組討論，當然表示贊同。王世傑順水推舟，說道：「幣制改革時不可失，王雲五部長所擬方案極為周詳，請總統下決心推行。」沒有人表示反對幣制改革，於是會議主題轉向如何加快實施，大致確定了金圓券發行時間，以及收回法幣和收兌金鈔期限。王雲五從莫干山返回財政部後，即著手進行幣制改革最後階段的工作。因金圓券發行各項準備工作繁雜而緊迫，於是王雲五令秘書趙伯平去他家裡複寫各類檔，公債司司長陳炳章在

5　黃元彬：《金圓券的發行和它的崩潰》，載《文史資料選輯》第 8 輯。

家裡將全部檔譯為英文，錢幣司司長王撫洲辦理其他事項，一切工作均在絕對保密狀態下進行，但到最後關頭，卻意外地出現洩密裂縫。據王雲五自述，他所知道的洩密情況如下：8 月 18 日，王雲五在家裡處理各項要案，午前將王撫洲所擬各銀行錢莊及交易所暫停營業的電稿交托次長徐柏園帶回財政部作修改。徐柏園回部細看電稿，認為毛病較多，遂令主任秘書徐百齊重寫電稿。徐百齊因此獲悉幣制改革部分內容，又洩露給同事，引起拋售股票事件，旋釀成風潮。王雲五後來把幣制改革失敗的原因之一歸於徐百齊洩密：「新幣值之受此影響亦不為輕，言念及此，真是痛心。[6]」

上述整個過程可以說明，在金圓券發行方案逐步形成過程中，王雲五是最為關鍵的人物，而徹底改革幣制的初旨來自蔣介石，實際上也回答了臺灣史學家沈雲龍提出要搞清王雲五在金圓券案中「代人受過」的問題。至於蔣、王密商細節，是無從知曉的歷史之謎。這是因為金圓券案最終完全失敗，民憤極大，公開發表的蔣介石日記中淡化了他的責任，王雲五撰寫年譜或自述，向來不洩露高層機密，尤其留意維護蔣介石的形象。儘管蔣、王兩人在醞釀金圓券方案中交往的細節已被歷史塵埃所淹沒，王雲五秉承蔣介石意願，詳細擬訂幣改方案，起草各類有關文件，是不爭的事實，因而談不上誰代誰受過的問題，而是各有各的責任。

「緊急處分令」推出金圓券，抵制重重難實施，蔣介石訓斥資本家「只愛金錢，不愛國家」。蔣經國「打虎」逞英雄，誰知有始無終反類犬。王雲五遭輿論譴責，借開會之機訪美避風頭。

6　《自述》，第 513 頁。

8月 19 日下午 3 時，國民黨中央政治會議討論金圓券發行有關方案，先由行政院長翁文灝講述改革原則，接著財政部長王雲五詳細解釋各案要點。與會者「輿論一致」，都說幣制改革應該立即付諸實踐，只提出若干無關緊要的修正意見。最後，僅法幣公債與台幣、新疆幣兩項具體處理辦法，交行政院另定。下午 6 時起行政院討論全案 4 個多小時，對整理財政及經濟管制條款（即王雲五所擬原稿中的 13 至 15 條）稍作修改，文字上略為潤色，通過全案。行政院會議後，幣制改革方案照例要交立法院審議，但蔣介石動用所謂的《動員戡亂時期臨時條款》，越過立法院審議的正常順序，以「總統命令」形式發佈。當天深夜，以「財政經濟緊急處分令」的名義，將全案交中央廣播電臺轉播，次日各大報刊登：

　　茲依《動員戡亂時期臨時條款》之規定，經行政院會議之決議，頒佈財政經濟緊急處分令，其要旨如左：

　　一、自即日起以金圓為本位幣，十足準備發行金圓券，限期收兌已發行之法幣及東北流通券。

　　二、限期收兌人民所有黃金、白銀、銀幣及外國幣券，逾期任何人不得持有。

　　三、限期登記管理本國人民存放國外之外匯資產，違者予以制裁。

　　四、整理財政並加強管制經濟，以穩定物價平衡國家總預算及國際收支。

　　基於上開要旨，特制定（一）金圓券發行辦法，（二）人民所有金銀外幣處理辦法，（三）中華民國人民存放國外外匯資產登記管理

辦法,(四)整理財政及加強管制經濟辦法,與本令同時發佈,各辦法視同本令之一部分,並授權行政院對於各該辦法頒佈必要之規程或補充辦法,以利本令之實施。此令。

與「總統命令」同時發佈的四種「辦法」,其要旨如下。

《金圓券發行辦法》:規定以金圓為本位,限期以法幣 300 萬元兌換金圓券 1 元,金圓券發行總額以 20 億元為限。金圓券採用十足準備制,對美金匯率為金圓券 4 元合 1 美元。法幣、東北流通券停止流通,台幣繼續流通。

《人民所有金銀及外幣處理辦法》:公佈金銀及外國幣券國有政策,人民持有之金銀外幣必須於 1948 年 9 月 30 日以前向當地中央銀行兌換金圓券,以後禁止任何人持有。

《中華民國人民存放國外資產登記管理辦法》:限令人民在國外存放款項必須向政府登記,違者予以嚴懲。

《整頓財政及加強管制經濟辦法》:限定全國物品及勞務價格不得超過 1948 年 8 月 19 日標準,廢除公教人員與職工按生活指數調整薪資的辦法,禁止罷工、怠工和企業關閉。

上列有關發行金圓券各文件公佈後,王雲五以財政部長身份發表長篇講話,「以告國人」,對實施 4 個「辦法」的原因分別作了說明。就廢棄法幣改用金圓券一項,王雲五承認法幣政策已經完全失敗,從政府立場對幣制必須改革作了如下解說:

最近由於通貨膨脹達惡性時期，原有法幣之貶值愈演愈烈，物價隨而愈漲愈速；於是人民對於原有法幣之信心愈益薄弱，而對於新的交易媒介需求愈殷。政府就當前局勢深思熟慮，認為法幣之發行最近雖急劇增加，然以美金比值，只需要五、六千萬元足以收回其全部。……人民之信心既失，與其強就原有法幣恢復其信用，事倍而功半，何如根本改革，自始即確定充分準備，建立公開發行之基礎，並嚴格限制發行數額，以昭信於國人[7]。

王雲五這番話，對法幣崩潰及其產生後果的描繪是較為真切的，但他萬萬沒想到法幣崩潰較之不久以後金圓券的崩潰，不過是小巫見大巫。金圓券從發行第一天起便不倫不類，貽笑世人。第一批發行的金圓券，票面上連「金圓券」3個字也沒有印上。這是因為倉促搞幣制改革，來不及印製新的鈔票，於是將庫存的廢幣代替首批發行的金圓券。這些廢棄的紙幣是抗戰初期在美國印製的，票面額共 20 億元，上面印有原國府主席林森的頭像，因為鈔票面值小，而法幣不時貶值，運回國內時已經不能用了，一直存放於國庫，待到金圓券發行這一天居然應急派上用處，實在荒唐。

為了推進幣制改革，行政院設立經濟管制委員會，翁文灝為主任委員，王雲五、俞鴻鈞等 7 人為委員，徐柏園為秘書長。經管會在重要城市設經濟管制督導員，負責各地區執行「財政經濟緊急處分令」事宜。上海由俞鴻鈞任督導員，蔣經國為協同督導員；天津以張厲生為督導員，王撫洲為協同督導員；廣州以宋子文為督導員，霍寶樹為協同督導員；武漢的人選暫未確定。協同督導員即督導員副手之意，

7　《自述》，第 522-523 頁。

但在實際操作中情況不盡如此，至關重要的上海地區經濟管制由「協同督導」的蔣經國一手操辦；在中央則由蔣介石直接過問其事，乃至親自指揮。在經管會中，主任委員翁文灝職權有限，委員王雲五的實權更大些。8 月 22 日經管會第一次會議上，王雲五便提出變更稽征方式與變更稅率等案，對營利事業稅收、遺產稅、印花稅、鹽稅、煙酒稅等徵稅方法與稅率提出一攬子方案，總稱為「整理財政補充辦法」。其中關於變更稅率案，由於蔣介石亟需增加稅收以充軍餉，不待立法院討論，便於 8 月 26 日再次以「總統命令」方式頒發。

「財政經濟緊急處分令」一出臺，就受到各地抵制，即使在推行最得力的上海，也遭到普遍而強烈的抵制，官員和大資本家大多也採取抵制態度。8 月 19 日傍晚，行政院即發電報給中央銀行總裁俞鴻鈞，請他邀約上海金融界頭面人物宋漢章、錢新之、李馥蓀、趙棣華、戴立庵及幫會大亨杜月笙等 10 餘人，次日赴南京到行政院開會。這次會議由翁文灝和王雲五主持，氣氛不很融洽。戴立庵被請就幣制改革發表意見，他乘機對限期收兌金銀外幣的法令表示異議。戴立庵曾在財政部主管金融多年，時任聯合銀行總經理，王雲五原指望他講些捧場的話，沒想到他一開口便「為民請命」，而且在金融界人士最敏感的收兌金鈔一項上唱反調。王雲五無法緩和氣氛，只能「公事公辦」，要求金融界人士嚴格遵循幣改法令，配合政府工作。8 月 20 日，即金圓券開始推行的這一天，上海市長吳國楨怒不可遏，當著俞鴻鈞和黃元彬的面大罵王雲五是「烏龜王八」，發牢騷道：「如果要我做什麼上海區經濟管制督導員，我寧可連市長也不幹！」督導員俞鴻鈞馬上作解釋，說他本人對幣制改革的具體政策並不贊同，

「總統一開始就志在必行，我就不敢講話了」。黃元彬則對發行金圓券的有效性表示懷疑：「金圓券的辦法要以政治力量來施行不兌現的貨幣，隱伏險情，一旦發行數量超過市面流通必需量，必定到處突破政治力量，不過幾個月就要崩潰。[8] 5 天后，蔣介石召見 7 名立法委員，要他們談談對幣制改革的看法，黃元彬婉轉敘述吳國楨和俞鴻鈞等人的意見，並表述己見：「金圓券幾個月內一定崩潰。」蔣介石聞言面露驚色，令黃元彬儘快擬寫補救辦法。第二天，黃元彬即轉呈意見書，但不合蔣介石心意，未被採納。蔣介石召見黃元彬等立法委員，主要是想瞭解包括官員在內的各方反響，並聽取些積極的建議，根本聽不進消極的意見。

在上海方面實際主持幣制改革和限價工作的「太子」蔣經國，到上海不久就感到阻力很大。自 8 月 19 日宣佈實行幣改那天起，蔣經國就逐日寫日記，記載他在上海督導經濟管制的情況，這些日記後來整理出版，題名《滬濱日記》。蔣經國在日記中說：「自新經濟方案公佈之後，……政府人員則多抱懷疑的態度。兩天來日用品的價格漲得很利害。搗亂金融市場的並不是小商人，而是大資本家和大商人。所以要開刀，就應從『大頭』開起。[9]」「上海的若干商人在當面對你說得好好的，而背後則是無惡不作。今天已下決心嚴辦奸商。上午召開檢查委員會，會後即向市政府提出大戶奸商等各種方法行為的證據，並建議立即逮捕[10]。」為了「打擊奸商」、「搜查私貨」，在蔣經國指揮下，上海 6 個軍警單位全部出動，衝擊庫房，檢查市場和水陸

8　黃元彬：《金圓券的發行和它的崩潰》，載《文史資料選輯》第 8 輯。
9　《滬濱日記》8 月 22 日，見《蔣經國自述》，湖南人民出版社 1988 年版，第 167 頁。
10　《滬濱日記》9 月 2 日，見《蔣經國自述》，第 172 頁。

交通要道。他還指示親信在上海收羅 7 000 餘人，組織「大上海青年服務總隊」、「經濟戡亂大隊」，上馬路遊行叫囂，任意搜查行人和車輛。但是，諸如此類的強硬措施非但激化了政府同資本家的矛盾，而且為許多「高級官員」所不齒，蔣經國深深感受到孤立無援之苦楚：「上海經濟管制工作，雖取得初步之成效，但隱憂仍多，決不可因譽而忘記今後更艱苦之工作。今天最可憂慮者，即高級官員對此政策多抱『觀望』、『懷疑』以及『反對』之態度，……所以今天所做的工作是孤獨的。沒有一個高級官吏想幫我的忙，思之痛心。[11]」蔣經國寫下這則日記的第二天，上海市長吳國楨去南京請求辭職，又給他「添亂」。上海的官員如此，資本家更不好對付。上海的銀行、錢莊都備有明、暗兩套帳簿，黃金、外匯在暗帳收付，明帳中是查不出名堂的。上海金融業商議總共交出 1 000 萬美元，以應付政府收兌金、銀、美鈔的有關法令。這一聯合抵制行動非但惹惱了蔣經國，乃父聞訊也大光其火。9 月 6 日，蔣介石在南京國民黨中央黨部擴大紀念周上發表講話，對幣制改革受阻極為憤怒，惡狠狠地指斥上海銀行界的抵制行為：

目前尚有一個問題，即商業銀行對於政府法令尚存觀望態度，其所保留之黃金、白銀及外匯，仍未遵照政府的規定移存於中央銀行，並聞上海銀行公會理事會擬集合上海所有各行莊，湊集美金一千萬元，賣給中央銀行，便算塞責了事。可知上海銀行界領袖對國家、對政府和人民之禍福利害，仍如過去二、三十年前，只愛金錢不愛國家、只知自私不知民生的腦筋絲毫沒改變[12]。

11　《滬濱日記》8 月 29 日至 9 月 4 日反省錄，見《蔣經國自述》，第 173 頁。
12　戴立庵：《金圓券發行後蔣介石在上海勒逼金銀外匯的回憶》，載《文史資料選輯》第 7 輯。

接著，蔣介石又威脅道，金融錢業界中有人藐視法令，無異於間接助長「內亂」，一定要「嚴厲制裁」。浙江第一銀行董事長李馥蓀時任上海銀行業同業公會理事長，蔣介石認為上海銀行業湊集 1000 萬美元應付黃金、美鈔收兌令的主意出自李馥蓀，欲拿浙江第一銀行開刀，以儆效尤。李馥蓀十分害怕，馬上托人說情，表示願交出金鈔，這才免受處分。國民黨上海警備司令宣鐵吾辦的《大眾夜報》，於 9 月 8 日用頭條新聞大字標題，渲染戴立庵聯合上海商業銀行逃避大量金銀外匯，對商業銀行資本家發出嚴厲警告。

蔣氏父子京、滬聯絡，上下呼應，下定決心非要撕開上海資本家的錢包不可。先時，蔣經國曾宴請上海金融工商各界巨頭，略作客套便言歸正事：「我奉命在上海執行有關金圓券發行的各項法令，這是務必貫徹到底的。在座各位都是我的世伯世叔，希望給我點面子。拉破面子就不好看了！」與會的巨頭大亨面面相覷，虛聲應諾。這樣的談話會開了幾次，蔣經國一再誘逼，效果仍不明顯，於是改用「打老虎」的辦法：槍斃林王公司大老闆、逃匯大戶王春哲，逮捕榮鴻元（申新紡織總公司總經理）、胡國梁（中國水泥公司常務董事）、韋伯祥（美豐證券公司總經理）等 64 名資本家，並追查打擊幫會大亨杜月笙的兒子杜維屏、「海上第一聞人」虞洽卿的兒子虞順懋。與此相呼應，國民黨報紙公然揚言「亂世用重典」，「借一、二顆人頭祭刀」。滬上金融實業界資本家處在種種淫威鎮壓之下，驚恐不已，不敢再硬頂軟磨。上海各商行銀行從 9 月 10 日起，將所存的黃金、白銀、外幣、外匯列表報呈中央銀行。《中央日報》於 9 月 24 日發表社論，鼓吹幣改「業績」，並繼續厲聲恫嚇：

從八月二十三日到今天，經濟緊急處分令在上海實施，整整一個月了。這一個月中間，總統的支持，行政院的決心，督導員的鐵腕，和地方政府的執行，使緊急處分在上海市場發生了實效。……市民為兌換金圓而提交中央銀行的黃金約七十萬兩，白銀約六十萬兩，美鈔將近二千萬元，港幣約六百萬元，兌出金圓超出二億元。現在是九月的盡期，持有金鈔即將視為違法，而政府對於金鈔兌換期限絕對不會延展，預料今後一星期內，市民提出金鈔兌換金圓，必將更為踴躍。

原定金鈔兌換金圓券的截止日期是 9 月 30 日，但行政院屆時又下令延長收兌金鈔日期，企圖繼續榨取，可是延長期內兌者寥寥。膽小的早就交出了金鈔，有意隱匿者則冒險收藏。到 1948 年 10 月底，國民黨政府在上海一地掠取黃金 114.6 萬餘兩、美鈔 3452 萬餘元，分別占全國被掠總數的 68% 和 69%，此外還掠取港幣約 1100 萬元、銀元 369 萬餘元、白銀 96 萬餘兩[13]。王雲五對如此「輝煌的業績」還不滿足，一再說民間還藏有大量金銀外匯，要設法繼續收羅。至於外匯資產，各銀行也辦了申報手續，但尚未轉帳過戶，金圓券就崩潰了。

國民黨政府掠取的金銀外幣中，有一部分是黨政軍官員的「私房錢」。被迫交出者心痛不已，偷偷藏匿者提心吊膽，官僚集團內部矛盾重重。蔣介石親信吳忠信的老婆也大發牢騷：「經國是我抱大的，現在連我的棺材錢都被他搶去了。」但是，蔣經國「打虎英雄」的形象未能長久維持。上海一號青幫大亨杜月笙因其子杜維屏被捕，耿耿於懷，提出揚子公司也應該由政府當局進行檢查。揚子公司與孔祥熙

13　戴立庵：《金圓券發行後蔣介石在上海勒逼金銀外匯的回憶》，載《文史資料選輯》第 7 輯。

關係密切，其長子孔令侃為經理，背景又涉及孔二小姐孔令儀的裕華銀行。在稽查揚子公司財產時，發現數額巨大的非法囤積案，並涉及宋美齡的股份。宋美齡、蔣介石聽說揚子公司遭難，先後趕到上海，勸令蔣經國中止對此案的調查。蔣經國大失所望，慨歎「忠孝不能兩全」，於是以「盡孝道」為先，不再調查揚子公司案，然後提請辭職，以表為官清正。這一鬧，「打虎計畫」也難以為繼了。蔣、孔、宋等豪門或知法犯法，隱匿資產，或知錯不糾，不打「猛虎」，民心大為不平。

限價政策更是官民有別，實際上是針對民營工商業的，對官營企業則格外照顧。公用事業單位的產品價格規定為「按戰前標準」，給國營企業提供了合法漲價的機會。中國石油公司於 8 月 20 日率先將石油提價 60%，於是全國船聯決議自 23 日起各線客貨運價提高 90%，中國航空公司和中央航空公司的客貨運價提高 85%，儘管如此，仍低於「戰前標準」，仍有繼續「合法」提價的餘地。王雲五起草的「整理財政補充辦法」於 8 月 26 日公佈，規定海關進口稅按正稅的 40%加征附加稅，鹽稅提高 59 倍。上述因素，都增加了工業成本，但企業停工減產要被政府接管，許多資本家硬著頭皮虧損經營，從黑市購買原料。黑市由此興旺，對政府的限價政策衝擊越來越嚴重。9 月 24 日起，上海督導員辦公處出臺系列地方法規，規定油、糧、棉布、食糖、煙草及其製成品均進行存貨登記，政府可予收購，依限價配售給工廠和市民。管制愈緊，人心愈恐慌，終於釀成 10 月初的搶購風。

增加稅收勢必牽動物價上升，工資凍結也就難以持久。所以，增

加稅收，又限制物價與工資，其間的矛盾是顯而易見的，王雲五與經管會其他成員都無妙策解決這一難題。而且，官員和商民對金圓券所發的牢騷，不敢針對蔣氏父子，一時間集中到王雲五身上，以至有些人當面斥　他。王雲五想暫時脫身，於是決定於 9 月 20 日啟程，赴美國出席國際基金及國際銀行第三屆大會。會期只有 5 天，王雲五卻出國訪問 20 天。可以說，他這次赴美開會具有「避難」性質，躲開輿論的譴責，調劑一下精神狀態。啟程前，王雲五於 9 月 16 日致函行政院院長翁文灝，提出 10 月份系列調整經濟辦法，並請轉呈總統蔣介石核定。這封信函強調價格調整：因外匯率和國內稅率變更，汽油、捲煙、棉紡織品等售價需要調整，郵電、鐵路等公用事業費過低要調整，六大都市配售糧價格過低要調整。所謂「調整」，實即漲價之代名詞。王雲五認為工資可允許微調，公教人員工薪在 40 元至 300 元之間的部分按 25% 發給，比原定的 30% 僅高出 5%，民營企業員工所增工薪不得超過 9 月份的 10%[14]。〕在這份調整計畫中，官方控制的原料、商品、公用事業費的漲幅，遠遠超出職工工薪的微調，行政院院長翁文灝怕激化社會矛盾，沒有實施。王雲五後來把幣改失敗，歸咎於他的「調整計畫」未能及時實施，將責任推給翁文灝。

　　「財政經濟緊急處分令」頒佈一個月的時間裡，表面上取得了一些「成績」。上海、北平、天津等地一度勉強控制住了物價。廣州物價漲六七成，成都物價漲三四成，米價翻倍，雖有漲勢，尚屬平緩。最大的「成績」是強行收羅了大筆金銀外幣。但是，損民之舉未必都是利「國」的。稅收遠遠沒有達到預期的指標。貨物稅如果按 8 月

14　《自述》，第 529—530 頁。

19 日的物價實征，應該超過此前 3 個月物價徵稅的 10 餘倍，但經管會深恐強制推行引起物價爆漲，決定從緩實施，結果 9 月底以前的貨物稅收入沒有增加。營利事業直接稅雖然由一年一征改為一年兩征，但緩不濟急，要到年底才能開徵。鹽稅按規定應大幅度提高，但鹽商早就囤積了大量低稅鹽，承銷增稅鹽者不多，鹽稅收入也增加有限。關稅增設了附加稅，但這一個多月裡輸入品較少，實際關稅收入僅略為增加。此外，各種規費的增收原則雖早已確定，政府有關部院商定細則時頗感棘手，或拖延或放寬尺度，增收也不多。另一方面，財政支出失控。南京政府軍費開支占財政支出 70%以上。王雲五刻劃軍費失控的文字頗為具體生動：「由於國防費之不斷追加，均以軍事重要為詞，急於星火，拒之不可，許之則負擔並重，而國防費監理委員會成立遲遲，且成立之初亦不易發生核實之效用。」尤其東北軍情吃緊，糧價奇昂，「購糧款項之追加，為數殊足驚人，甚至追加未成，軍事長官已迫令當地中央銀行濫發大量本票，此項本票流入關內，兌取金圓券，不僅影響物價，且大增國庫之負擔」。士兵待遇增加，軍官吃空餉問題依舊，軍用燃料費隨外匯率調整而增加，……王雲五哀歎道：「軍費之浮濫，實為致命之傷。[15]」此外，大城市配售糧食多由中央銀行墊款購買，國營交通公用事業員工待遇提高，也增加了財政支出。無法解決財政收支平衡問題，金圓券的發行從一開始就不能算是成功的。不從增加生產著手，熱衷於稅收上做文字遊戲，用這種方式斂取財富，簡直是在玩無中生有的魔術。盲人騎瞎馬，夜半臨深池，一場金融危機正在醞釀之中。王雲五從美國返回中國時，危機已經爆發。

15　《自述》，第 540 頁。

通貨膨脹引發搶購風，「補救辦法」毫無新意，經濟金融大崩潰，只好引咎辭職。傳媒揭露洩密案，王雲五涉嫌說不清，彈劾一年餘，下野財長再受「申誡」。

10 月 3 日，上海市民湧向南京路四大公司搶購，引發遍及國統區各地的搶購風。王雲五 10 月 10 日晚從美國返抵中國，耳聞目睹的幾乎全是搶購風，以及其他預示幣改註定要失敗的種種跡象。他對搶購風的分析，頗顯學者識見的深度，當然不免為自己推卸些責任：

本來經濟政策之推行，固不能不兼用政治力量，但政治壓力，如過分行使，或行使過久，勢必引起反抗。我在出國以前，迭次主張合理調整物價，再行凍結，就是深知「八一九」之物價不盡合理。以政治力量強其凍結，在短時期內或不成問題，但持續過久，難免不引起反抗。此種反抗，在政府強有力之時，還不致過分強烈，或逾越範圍，但政府威信如有喪失，則政治力量式微，在式微的政治力量下，而影響強施重大的壓力，則人民之反抗力勢必超越範圍，一發而不可收拾[16]。

其實，王雲五本人也有濫用政治壓力之嫌，在他擬訂的幣制改革初稿中，已經處處可見利用政權的力量對經濟作無所顧忌的干預。或許那時王雲五還沒有意識到，南京政府的統治機制猶如一架龐大而老鏽的機器，開動起來噪音震響，似乎很有力量，但各個部件都不靈了，有的部分甚至根本不起作用，運轉起來很費勁，行政效率又特別低。王雲五提出的幣改方案付諸實施，無疑給這臺本來就要散架的機

16　《自述》，第 541 頁。

器加上了過度的重荷，促使它更快報廢。然而，王雲五絕不肯承認自己的過錯，他將幣制改革失靈歸咎於一些具體原因，如沒有按照他的建議有序地調整物價，未及時而全面地實施增加稅收各方案，政府為各項貼補的支出有增無減，財政部長無權控制軍費開銷，等等。直到 10 月中旬，他仍認為只要緊縮金圓券的發行量，收回部分已經發行的金圓券，還是有望保住金圓券幣值的，幣制改革還能繼續推行。但是，一些枝枝節節的修補，肯定是無法挽救金圓券危機的。這場幣制改革的本質，是國民黨政府與民爭利，強迫人民交出財產供政府打內戰。多數平民百姓維持溫飽已經很困難，政府的貪欲卻如無底深淵，矛盾勢必要爆發。民以食為天，一旦生存將失去保障，任何強制性的力量都無法遏止。10 月初爆發的搶購風潮，一發而不可收，從搶購日常生活用品開始，蔓延到見商品就搶購，甚至把商店搶購一空，到後來各地發生了搶米風潮。這種非政治形式的自發抵制行為，反映出民眾對金圓券完全失去信心。全國市場騷動，遊資洶湧，物價狂漲，新一輪惡性通貨膨脹日益逼近。

事情發展到這一步，明眼人幾乎都看出了敗象，然而，王雲五還企圖力挽狂瀾，於 10 月 13 日向行政院提出調整物價與工資的方案，次日又提出預結外匯以維持貨幣信用的方案，即撥出 1.2 億美元用作預結外匯，申請者經核准可以有限度地交付金圓券兌換美元，目的在於收回部分已經發行的金圓券，緩解通脹。10 月 18 日立法院舉行「檢討物價秘密會議」，出席委員 400 余人。王雲五作報告，先談了物價波動的原因，接著講述他的補救辦法，不外乎增產節約、統導物資、控制遊資等老辦法，拿不出富有創意的方案。王雲五報告後，立

法委員提問質詢，登記要求發言者達 30 餘人。立法委員的質疑頗為尖銳：如何取締黑市？怎樣使各地經濟管制趨於一致？用什麼方法取信於民？成為眾矢之的的王雲五竭力舌戰，絲毫不能說服立法委員。

10 月 26 日，行政院經濟管制委員會連續 3 天開會，各有關部長及立法委員也出席會議，議題是需要採取哪些切實措施應付幣改危機。第一天會議上，王雲五仍主張實行限價政策，他的發言受到眾多責難。糧食部長關吉玉的反對意見最為尖銳，他提醒王雲五不要空談限價，糧食部已經沒有糧食可供軍用民食，手中無糧，當然無法控制糧價，糧食只能聽任市場自由交易，既然糧價只能放開，其他限價豈非形同虛設？王雲五與之力辯，但勢單力薄，處於下風。以後兩天的會議，王雲五不再露面，但還是把親自起草的調整物價修改意見交給行政院長翁文灝，請翁代作報告，遭到更猛烈的攻擊。幣制改革失敗已無可挽回。蔣經國從上海趕赴南京，參加了後兩天的會議，感到極度失望，他在日記中寫道：「十月份的最後一星期，恐怕亦將成為限價政策實施的最末一周。問題不是在於限價不限價，而是表示政府的軟弱，怕困難和沒有決心。」[17] 蔣介石對立法院一再跟幣制改革過不去極為惱火。國民黨軍隊在遼瀋戰役徹底失敗後，他到立法院訓話，其中有兩句名言特別精彩：「軍事本來不會垮，被立法委員們鬧垮了。金圓券本來不會垮，也被立法委員們鬧垮了。」與會者面露惶恐自危之色，但心裡是很不服氣的。

國民黨政府發行金圓券，主要目的是搜羅更多錢財，作為擴大內戰的軍費。東北戰場上，國民黨軍隊連戰連敗，證明發行金圓券無法

17　《滬濱日記》10 月 24 日至 10 月 30 日反省錄，見《蔣經國自述》，第 197 頁。

挽回戰局，這才使原先沉默的立法委員們敢於公開反對幣制改革。1948 年 9 月 12 日，人民解放軍東北野戰軍發起錦州戰役，15 日攻克錦州，19 日迫使「剿總」副司令鄭洞國率部放下武器，長春和平解放，10 月 28 日全殲廖耀湘兵團，到 11 月 2 日，東北、熱河全境解放。在遼瀋戰役中，國民黨軍隊損失 47.2 萬人，國共雙方兵力對比發生重大變化，國民黨軍總兵力降至 290 萬，人民解放軍的數量升至 300 萬。國民黨軍的總兵力第一次少於人民解放軍。戰局逆轉與經濟惡化交互影響，迫使國民黨政府於 11 月 11 日公佈「修正金圓券發行辦法」及「修正人民所有金銀外幣處理辦法」，規定金圓券與美元的兌換率為 20 比 1，比 8 月 19 日的兌換率提高了 5 倍，金圓券一下子就貶值 80%，也就是說，人民被迫用金銀外幣換來的金圓券只相當於原值的 20%。實際上，在兩個「修正辦法」頒佈之前，幣制改革失敗已成定局。王雲五被迫於 10 月 29 日提交辭職書，翁文灝復函挽留。面對日益猛烈的輿論譴責，王雲五再三再四請求辭職。11 月 11 日，在兩個「修正辦法」公佈的同一天，蔣介石發佈總統命令，准予王雲五辭職。第二天，《中央日報》發表評論，避開實質性的問題不談，卻在王雲五的主動引咎上大做文章，侈談什麼民主政治：

　　財政部長王雲五氏為財政經濟緊急措施之變更，引咎去職，今日政務官有政策者幾人？以政策為進退者幾人？能進不能退者又幾人？大家心裡明白，不待我們贅述。王雲五氏來得光明，去得磊落，開責任政治的風氣，我們真是衷心贊許。……政策談何容易，政務官以政策為進退，更須具民主政治的風度。……一個人日久慣於肉食，就能進不能退了。總統宣導勤儉建國運動的時候，早已指出王雲五氏是一

個勤儉的楷模。今日王氏去位之瀟灑，正足以說明他勤儉的美德，亦即為他政治的風度之內在支持力。

王雲五辭職後，翁文灝內閣引咎總辭，由孫科任行政院長，徐堪任財政部長。翁文灝對這次幣制改革並不負主要責任，只因職務所系，奉命行事。王雲五在自述中多次婉轉埋怨翁文灝膽魄不足，尤其在王雲五訪美期間，翁文灝未能採納王雲五預先提呈的若干補救措施。翁文灝從政以前是傑出的地質學家，做過北京大學教授、清華大學代理校長，1932 年為國民黨政府所延攬，任國防設計委員會秘書長。全國解放前，翁文灝去香港，堅拒國民黨方面多次拉攏，旋赴法國暫居。不久他接受毛澤東和周恩來的邀請，1951 年 1 月回到國內，任全國政協委員[18]。王雲五後來也一度避居香港，最終選擇了臺灣，走上另一條道路，其間因素很複雜，但有一點是可以肯定的，即因金圓券案而無顏再見江東父老。

11 月 11 日頒佈的「金銀外幣處理辦法」中規定，已兌成金圓券之金鈔，存滿一年者，得按存款日匯率折提黃金、銀幣。「處理辦法」一公佈，馬上引發擠兌，秩序大亂。12 月初，中央銀行、行政院對每天存兌金銀的人數、兌換數額作出嚴格規定，致使擠兌更為激烈，23 日上海發生擠死 7 人、擠傷 3 人的慘劇。由於金圓券貶值、金銀存放銀行一年以上才允兌出，政府又限制兌換人數和金額等多重因素，民間兌換回的金銀僅 10%，另 90% 都被國民黨政府劫掠去了。受損失者中有資本家，也有其他各界人士，許多人多年的積蓄化為烏有，他們對國民黨政府極感失望，對「始作俑者」王雲五也銜恨甚

18 黨剛：《回憶翁文灝先生》，載《文史資料選輯》第 80 輯。

深。就在發生擠兌慘劇的 12 月，俞鴻鈞奉蔣介石命令，秘密將中央銀行 200 萬兩黃金劫運去臺灣，1949 年 2 月又劫運 57 萬兩。湯恩伯于次年 5 月撤離上海之前再劫走一大批黃金。到人民政府接管中央銀行時，庫中所存的黃金只剩下 6180 兩。

如果說劫掠金銀外幣主要損及「食有餘」者的利益，那麼金圓券惡性膨脹則是對國統區所有人民的普遍掠奪。這從金圓券對美元比價的變動中可以看出。1948 年 9 月、10 月，金圓券 4 元比 1 美元，11 月改為 20 元比 1 美元，此後更一發不可控制，12 月份 122 元比 1 美元，1949 年 1 月 240 元比 1 美元，2 月 2660 元比 1 美元，3 月 1.6 萬元比 1 美元，4 月 20.5 萬元比 1 美元。8 個月中，金圓券上漲 5.125 萬倍，發行量增加 6.39 余萬倍。隨著國民黨的節節敗退，金圓券在狂跌濫貶之後等同於一堆廢紙。國民黨政府於 7 月 2 日在廣州又發行銀元券，規定金圓券 5 萬億元折合銀元券 1 元，軍政費用則以黃金、外幣支付，不失時機地又撈了一票。具有諷刺意味的是，金圓券儘管越來越不值錢，而印刷金圓券的費用卻極昂貴，僅 1948 年就化費美金 4261 萬元。以致當時民眾中流傳著這樣一首諷刺歌謠：「踏進茅房去拉屎，忽然忘記帶草紙。袋中摸出百萬鈔，擦擦屁股最合適。」

財政金融的崩潰，必然導致經濟的全面破產。幣制改革方案的出臺及其失敗的整個過程，使工業生產蒙受沉重的打擊和破壞。金圓券發行之初，就將金圓券對美元的比價從 3 比 1 提高到 4 比 1，同時規定產品售價不准變動，為此，使用進口原料的工廠頗受其害。1948 年 11 月初取消限價，金圓券幣值一路狂跌，工業普遍遭受慘重損失。以繅絲業聞名全國的無錫為例，80 餘家繅絲廠的車床開車率在

12 月份僅占四分之一，到 1949 年 2 月繰絲廠全部停工關閉[19]。重工業更為悲慘。由於原料稀貴，銷路堵塞，上海 1000 餘家機器工廠在 1949 年 4 月開工率僅 10%。與抗戰前相比，1949 年全國重工業總產量減少 70%，輕工業總產量減少 30%。農業也急劇衰退，金圓券貶值、工業不景氣、大量徵兵和戰亂頻仍，諸種因素交互作用，使農田大片拋荒，糧棉產量繼續下降。

一邊是國民黨政府卷走數以百萬計的黃金，一邊是經濟凋敝，人民痛苦，王雲五于心何安？當官不為民做主，卻損民殘民，王雲五對此雖略有疚歉之感，但從未作深刻的反省。金圓券的失敗改革，使他陷入「千夫所指」的窘迫境地，非但丟了官，挨了罵，還捲入一場洩密案，被糾纏了一年多時間。

1948 年 8 月 21 日上海《大公報》揭露：「某一隱名人士于幣制改革前一日乘京滬夜車至滬，向匯券市場拋售股票。」這條消息用語隱晦，一時未引起重視。該報於 8 月 24 日把問題點得更明白了：8 月 17 日南京有要人預先獲知幣改消息，8 月 19 日晨來上海大量拋售永安紗廠股票，獲利達法幣千數百億萬元。於是許多報紙發表文章，要求追查洩密案，嚴辦關係人。

王雲五起初認為不可能洩密，因為參與金圓券方案研討的人都是蔣介石親自指定的，檔都由王雲五本人親手起草，「非至必要之時及與有必要關係之人，絕對不使與聞，而深信所有與聞諸人，證以一切經過，皆能恪守秘密，忠實可靠。《大公報》所稱最後獲得消息，匆

19　彭澤益編：《中國近代手工業史資料》第 4 卷，三聯書店 1957 年版，第 483 頁。

忙趕至上海拋售股票之人，在理不應有其人」[20]。他過於自信，認為盡快澄清事實，有利於回擊「蓄意破壞新幣」的輿論，以維護政府當局「無私」的形象。據此，他立即命令上海金融管理局局長崇鏞以及財政部派駐上海證券交易所監理人員從速徹查，以正視聽。

調查結果出乎王雲五意外。9月2日，崇鏞從上海打長途電話報告，調查已有線索，幣制改革前夕拋售股票者李國蘭，乃財政部秘書陶啟明之妻。當天晚上陶啟明被捕，次日移交南京特種刑事法庭。據中央社南京電訊報導：「陶啟明系於事前獲悉幣制改革秘密後，即於八月十八日夜車由京赴滬，十九日晨囑其妻李國蘭拋售大量永紗股票。據上海電訊，陶妻李國蘭於昨在滬警局之供述，為十九日晨僅拋售永紗股票一千余萬股，十九日晨永紗股票上海證券交易所開市價為每股一萬六千八百元，以千萬股計算，則合法幣一千六百八十億。[21]」陶啟明供認消息來自財政部主任秘書徐百齊。他倆都畢業于東吳大學，關係密切。徐百齊在擬寫一份有關幣制改革電稿時獲悉即將實施幣制改革，將消息透露給他的好友陶啟明。財政部人員在幣改方案公佈之前外泄機密，屬嚴重「違法」事件，徹查結果，王雲五也被牽涉進去。於是，他以「用人未能詳加考察」為由，提請辭職。但是蔣介石那時還需要王雲五搞幣制改革，不同意他辭職，於9月6日上午發表講話，為他開脫，說這一事件「完全為其秘書的責任」，「我們不能以其用人不慎的微疵，而加以重大的責難，反致妨礙政府經濟政策的實施」[22]。輿論界不肯甘休，借陶啟明一案追擊王雲五。上海各報

20　《自述》，第556頁。
21　中央社南京9月3日電訊，見《年譜初稿》，第678頁。
22　《自述》，第557-558頁。

還揭露商務印書館在幣制改革前幾天，將圖書、儀器提高標價銷售，認為也是得到王雲五的暗示才採取的舉措。儘管王雲五申辯他從未故意洩露機密，然而報界仍不放過他和整個財政部，借追蹤陶啟明案，間接發洩對幣制改革的不滿，也反映出民心之向背。王雲五認為輿論界借題發揮，打擊了財政部官員搞幣制改革的信心和士氣：「各方惡意宣傳，不僅對我個人，而且對於財政部全體高級人員，時則偽稱某次長被捕，時則宣傳財部許多高級人員因被牽涉而潛逃，縱不至人人自危，至少亦使其精神上受有重大刺激，認為國家事真不可為，多一事不如少一事。[23]」

9 月 17 日，監察院以陶啟明案涉及上海方面的洩密，對王雲五派駐上海辦事處交易所監察員王鑒堂、工商部派駐上海證券交易所監理員沈雲從提出糾舉。11 月 13 日，公務員懲戒委員會發出議字令 626 號，責令王雲五於 7 天之內對監察院移付懲戒提交答辯狀，懲戒令全文如下：

被付懲戒人財政部部長王雲五

右被付懲戒人因失職一案經監察院移付懲戒到會，茲依公務員懲戒法第十五條第一項之規定，仰該被付懲戒人于文到七日內提出申辯書，分繕正副本各一份送會，如不遵行，即依同條第二項之規定，逕為懲戒之議決，切勿遲延自誤，特此命令[24]！

據王雲五後來在《岫廬八十自述》中所引的檔資料，11 月 30 日他又收到監察院對他的彈劾書。原彈劾案洋洋數千言，列舉王雲五五

---

23 《自述》，第 560—561 頁。
24 《年譜初稿》，第 710—711 頁。

大過錯，要點為：一、以「部屬洩密始料未及」為藉口，推卸本人應負之責任。二、陶案發生後，關係人徐百齊曾自請接受看管，王雲五仍令其照常辦公。三、徐百齊追隨王雲五達 20 餘年之久，王應深知其操守與能力。陶案源于徐百齊洩密，王雲五用人失察之咎無可推諉。四、王雲五雖有主持幣制改革之功，但不可與用人失誤之過相抵。五、案發之前，主犯陶啟明到財政部任職已兩個月，王雲五從未與之晤面，足見其平時考核部屬極為粗疏。及陶犯被捕，王雲五對此發表公開講話，暴露案情，致使要犯李百勤、徐狀懷聞風逃逸。彈劾書最後寫道：「爰依據監察法第二十一條之規定，將前對財政部長王雲五所提之糾舉案改為彈劾案，並補具理由，敬祈依法移付懲戒機關，予以懲戒。」「審查決定報告書」對上述彈劾意見作了「准予彈劾案成立」的批復。王雲五對彈劾案所列五大過錯逐條進行答辯，每條均詳敘事由過程，但都無法否定彈劾事實。因答辯辭極長，於此不列。這件彈劾案拖了一年有餘，直到 1949 年 12 月 9 日，王雲五才收到公務員懲戒委員會作出的「書面申誡處分」決議[25]。「書面申誡」是彈劾案中最輕的處分，——最重的處分為撤職——這樣的處分簡直是政治笑話。王雲五在 1948 年 11 月 11 日已經被撤去財政部長職務，11 月 13 日的糾舉案上卻寫明「被付懲戒人財政部部長王雲五」，11 月下旬監察院對他進行「彈劾」，1949 年 12 月上旬作出「書面申誡」的決定。從糾舉、彈劾直到處分，整個過程中他都是已被摘了烏紗帽的平頭百姓，而即使遭遇最嚴厲的處分也不過是摘去烏紗帽。國民黨的監察工作實在可笑。王雲五在職期間，監察院不追究他與陶案的關係，王雲五罷官了，卻要對他進行「彈劾」。該彈劾時不

---

25 彈糾舉、彈劾、處分各案有關文件，見《自述》，第 561—562 頁。

彈劾，不必彈劾時假正經。王雲五被彈劾一案，對王雲五當初及以後的為官生涯均沒有起影響，出洋相的倒是假戲真做的彈劾案本身。

風雲過後重說金圓券，功過責任論紛紜。徐柏園回憶披露當年秘密小組成員，王雲五開口揭示內情。

金圓券在導致國統區經濟崩潰上有不可推卸的責任，是國民黨在大陸失敗的因素之一，因此，臺灣當局對此事的真相以及責任檢討，一直諱莫如深，加上言論控制嚴厲，其中的內幕在臺灣長期被掩蓋，更沒有人敢放言評論。金圓券案的再探討，是在蔣介石，王雲五相繼去世之後，由沈雲龍提出王雲五「代人受過」而引發的。臺灣各界人士就王雲五與金圓券的關係發表數十篇文章，多數文章由於缺乏堅實資料，敘事議論未免流於空泛。但有些文章是當事人的遺稿或日記，其中的資料還是頗有價值的。有些評論的觀點，有一定代表性。

在金圓券發行之前，王雲五奉蔣介石之命起草幣制改革各項檔，臺灣各作者對此說均無異議。討論文件草案的秘密小組由哪六個人組成？由於徐柏園遺稿的發表，這一秘密終於真相大白。王雲五在《岫廬八十自述》中只提到其中三人，即行政院長翁文灝、財政部長王雲五、中央銀行總裁俞鴻鈞，另三人故意隱去其名。當時的財政部次長徐柏園晚年脫離公職後曾寫過回憶錄，在談到金圓券的部分時，提及此事：

（1948 年）7 月底翁院長邀集今總統嚴公、劉攻芸和我到他官邸裡商談要事。他拿出一項文件，原來就是王部長雲五親自草擬，也是他親自抄寫的金圓券改革方案草案，直接簽報總統蔣公奉批交翁院長

研究的。翁院長囑咐我們，要絕對秘密，並望詳加研究。……奉到這項重大使命，誠惶誠恐地研討幾次，對王部長原案提出若干修正意見[26]。

上段引文中「今總統嚴公」，即嚴家淦，參與金圓券討論時任臺灣省財政廳廳長兼美援會聯絡人。堅持台幣照樣流通，不受金圓券影響的意見，便是他所堅持並獲通過的。劉攻芸，參與金圓券案研討時任中央銀行副總裁。他神通廣大，對中央銀行的「特殊用款」心中有數，提出金圓券發行準備金由3億美元改為2億美元，另1億美元的具體去向，他不向參與討論的其他人員作明確交代，連中央銀行總裁俞鴻鈞和財政部部長王雲五也不明內情。徐柏園是王雲五照原級別留用的前財政部次長，同王雲五私交不錯。秘密小組的六個成員，都是蔣介石親自指定的。

對於發行金圓券造成的後果，臺灣的文章基本上是作否定評價的，認為在當時影響極壞，破壞了金融，失去了民心，加速了國民黨政府「撤離大陸」。但個別作者從一點無限深發下去，視之為國民黨政權在大陸崩潰的唯一原因，並由此對臺灣當局過分器重王雲五深表不滿。趙世詢在《<王雲老與金圓券案質疑>之補充[27]》一文中推論道，「設若民國三十七年（1948）王雲五財長任內沒有實行金圓券，我堅定地相信今天我們的國民政府仍然在南京」，「美、日不會與我絕交」，國民政府也不會被驅逐出聯合國。作者用不恭的語言嘲諷王雲五出身卑賤，目光短淺，誤國殃民：「王雲五先生原是做買賣營生

26　《徐柏園遺稿：徐柏園先生有關「金圓券」的記錄》，載臺灣《傳記文學》第44卷第4期。
27　趙世詢：《王雲老與金圓券案質疑》，載臺灣《傳記文學》第35卷第6期。

的，慣打小算盤，才搞出金圓券這個大慘案。」該文認為僅金圓券一案所產生的後遺症，就足以使王雲五成為民國的「罪人」，對王雲五享有過分的哀榮也表示不滿，抱怨道，「臺灣的報刊把他奉為功臣，政府還要明令褒揚。」這篇文章以及其他同類觀點的文章，都集中指斥王雲五一人，而不敢犯忌指明王雲五奉命行事這一事實。沒有蔣介石的指示，王雲五怎麼有權搞幣制改革呢？幣改檔又怎能用「總統命令」發佈呢？

　　臺灣方面有若干篇紀念王雲五的文章，從「壞事變好」的角度為王雲五辯護，認為國民黨那時在大陸的失敗既然不可避免，只是遲早的問題，那麼王雲五發明用金圓券兌收金鈔的辦法還是「有功」的，兌收的黃金大多運抵臺灣，作為新臺幣的準備金，有助於臺灣經濟的「復興」。白瑜是持此觀點的作者之一，他在文章中形象地說：如果沒有王雲五發明金圓券之功，「臺灣只有吃香蕉皮了」。但他筆鋒一轉，承認金圓券的崩潰，畢竟大失民心，當時大陸的民眾尤其上海市民損失慘重，由此怨恨國民黨政府。對此，白瑜又為王雲五辯解道，將所兌收的黃金運抵臺灣，原先不在王雲五設計之中，過分突出王雲五為「復興」臺灣經濟的深謀遠慮，反而有損於王的形象。白瑜生動地論述道：「岫老聰明過人，好容易在黃浦灘、洋涇浜掙扎出來，經商起家的人，會作如此阿木林嗎？岫老也非如此陰沉的人。此舉只是病急亂投方，尤其對金融界全無把握，精明一世，懵懂一時。[28]」

　　另一種觀點認為，王雲五是幣制改革主持人，在幣制改革過程中赴美開會，「於是各級負責人均不免鬆懈」。但是，王雲五不必為此

28　白瑜：《翁文灝、王雲五與金圓券的後遺症》，載臺灣《傳記文學》第37卷第2期。

承擔責任，因為那一屆國際貨幣基金與世界銀行會議由中國輪值主席，作為財政部長，王雲五不得不出席，而且他在赴美之前已擬定應付金融財政問題的具體辦法，由於他的應急方案未實施，加上國民黨戰場失利，才使幣制改革失敗。臺灣版《民國名人傳》第 4 冊《出版家王雲五》一文寫道：「等到王於十月九日返抵上海時發現若干應急步驟都沒有做到，加以濟南、錦州、長春先後失守，軍事形勢逆轉，影響財政金融。王擬具改革方案，行政院院長翁文灝不敢實行，於是局勢一瀉千里，金圓券迅速貶值。」這類辯護辭顯然缺乏力度。國際貨幣基金會並不是非要財政部長才能出席，而且 5 天會期，王雲五卻出國 20 天。王雲五有假開會逃避國內輿論對他指責之本意，這在他的自述中也是供認不諱的。至於他的應急方案，他回國後一再努力，仍遭大多數立法委員和高級官員的嚴厲抨擊，根本沒有實施的可能。

就筆者讀過的臺灣作者有關王雲五與金圓券關係的各類文章，分析得最有深度的是吳相湘寫的《王雲五與金圓券的發行》一文[29]。這篇文章不落俗套，一是分析了王雲五的性格、學識特點和國民黨政府的用人之誤，二是指出金圓券方案本身就缺乏學理依據，三是論述幣制變換使人民經歷巨大的痛苦。吳相湘認為，王雲五性格有固執的一面，習慣於力排眾議，硬幹到底，「王自信極強，對其擬妥的某一計畫不恤人言而貫徹到底」。這種性格，雖然不妨礙他對商務印書館內部事務的改革，但用於金融經濟全域性改革，由於他缺乏財政金融方面的專長，而暴露出蠻幹硬幹的危害性。王雲五是「雜家」而非金融專家。知識結構有長有短，這原本是無可指責的，性格也是每個人所

29　吳相湘：《王雲五與金圓券的發行》，載臺灣《傳記文學》第 36 卷第 2 期。

固有的，問題在於國民黨政府需要有幾位元黨外人士擔任要職，片面追求「粉飾」的漂亮，以致用人失誤，也使被誤用者王雲五為此蒙受指責。吳相湘指出：「推原王雲五出任財政部長，實由於政府當局只知以學人或社會賢達當政，企圖一新國人耳目，不詳究其專長而任意安置。這完全是政治上粉飾行為，無補於政治革新的實際，且適以誤國，王雲五即因此被犧牲。」其次，吳相湘認為缺乏準備金便倉促搞幣制改革，而且強行收兌金鈔，屬於買空賣空的投機行為，「金圓券就在缺乏現金銀準備金的情況下宣佈發行——但筆者迄今不解：當時方案中又規定限期收兌金銀及外幣，究竟根據何種學理或經驗？既缺乏發行準備金，而大事改革，可以說是賣空。收兌金鈔，豈不是買空？」吳相湘進一步分析道，伴隨貨幣變換而來的災難，使人民屢受創傷，終於喪失了對國府的信心。抗戰開始後不久，淪陷區人民被迫將法幣兌換成日本軍用票或偽組織的鈔票，開始時軍用票 1 元折合法幣 2 元 1 角，後來兌換率升至軍用票 1 元兌換法幣 10 元 4 角 8 分，法幣貶值 5 倍。抗戰勝利後，人民對美好生活充滿希望，國民政府卻於 1945 年 9 月頒發命令，偽幣 200 元兌換法幣 1 元，原淪陷區人民又遭一次劫掠，對政府極其失望。1948 年 8 月發行金圓券之初，便規定 300 萬元法幣對金圓券 1 元，又是損民的不等價折換。此後，金圓券又迅速大幅度貶值。沿江沿海廣大區域人民所持有的貨幣，經過多次交易貶值，「等於烏有」。他們怨恨國民黨政府，人心渙散，理所當然。

　　「王雲五與金圓券」的討論在臺灣由熱轉冷之際，1984 年阮毅成

又發表較有參考價值的《與王雲五先生談金圓券》一文[30]。阮毅成在抗戰時期已與王雲五結識，1948年曾任浙江省民政廳廳長，去臺灣後主持過《中央日報》，退出公務後應王雲五之邀，進臺灣商務印書館編輯《東方雜誌》，與王雲五私交甚好。王雲五曾於1967年6月將《岫廬八十自述》手稿中有關金圓券的內容交阮毅成過目，聽取意見。阮毅成感到有若干關鍵部分未寫明白，在交還手稿時提出疑問，王雲五作了解釋，但未將口頭解釋的內容補入正稿。這些使王雲五覺得不宜在自述中挑明的內容，後來由阮毅成收入《與王雲五先生談金圓券》一文，可以作為金圓券發行內幕的補充。由於阮、王二人問答的原文很長，於此在不影響原意的前提下作適當的刪節。筆者必要的說明寫在括弧內。

阮：抗戰勝利之際，國庫有外匯7億美元，宋子文在行政院長任內一年餘，便將7億美元揮霍殆盡，有此事嗎？國庫空虛是否發行金圓券之直接原因？

王：當時確有7億美金，亦確為宋子文用光。

〔按：據李立俠《金圓券發行前一段舊事》所敘，抗戰勝利後不久，國民黨內部就醞釀幣制改革，那時中央銀行掌握黃金580萬兩，外幣外匯合7億美元，還有根據1942年「中美互助協定」美國應償還我國的駐軍費用及墊款，由於國民黨挑起內戰，錯失了和平條件下進行幣制改革的可能性。就抗戰後中央銀行至少掌握7億美元這點而言，李立俠的敘述印證了王雲五的說法。這7億美元大多用於黃金拋售和內戰。1946年宋子文任行政院院長，任命貝　蓀為中央銀行總

30　阮毅成：《與王雲五先生談金圓券》，載臺灣《傳記文學》第45卷第2期。

裁，決定拋售黃金、外幣，以回籠貨幣，穩定物價，自該年 3 月至 1947 年 2 月，共拋售黃金 350 餘萬兩以及大量美金，非但不能平抑物價，反而造成金融風潮。〕

阮：據傳說，中央早有改革幣制之議，先生系奉命提出改革方案，終於造成重大風潮，乃至大陸撤守。先生是否代人受過？

王：中央已有的幣制改革諸方案均不成熟。金圓券辦法，無人授意，系本人獨創。我事先一再說明，必須軍事有把握，軍事開支有限度，否則斷不能辦幣制改革。軍事首長皆謂幾個月內可肅清北方。不料十月初濟南即失守，東北駐軍竟自印鈔票，幣信遂下跌，終至無法挽回。當初以為能得美援幫助，而美國竟袖手不理。再者，幣制改革出臺稍晚，國庫底存又用去不少。本人從不以代人受過作推諉之藉口。

〔按：」軍事首長」云云顯然包括蔣介石在內。戰場失利，美援無望，庫存不足，是王雲五歸結幣改失敗的三大原因，雖未明確表示代何人受過，其實是在推卸自己的責任。〕

阮：先生主張以金圓券統一全國貨幣，廢止東北幣和台幣。小組審議時有人反對而未能徹底實施。反對者何人？

王：反對最力者系臺灣省政府。但嚴靜波後來在臺灣改革新臺幣，他的構想與我當年幣制改革相同。

〔按：嚴靜波即嚴家淦。討論金圓券方案時，嚴氏堅稱必須保持台幣獨立地位，顯然是奉蔣介石旨意行事，以免幣制改革一旦失敗，引發臺灣的金融風潮。〕

阮：先生主張封存各大都市銀行保管箱，在小組討論中遭堅決反對而未能徹底實行。反對者何人？

王：反對最力者系俞鴻鈞。

阮：民國三十七年（1948）九月底先生赴美開會，影響幣改進行。當時能否不去？

王：我希望借赴美開會之機，能向國際貨幣基金會謀求貸款。行前擬就幣改補充辦法交翁文灝，而翁膽小，聽信俞鴻鈞之言。俞時任中央銀行總裁，在上海辦公，易受上海工商界及幫會人士包圍，他同意工商界延期一個月收兌金鈔。本人倘在國內，或翁氏肯負責，不致有此失敗。

〔按：王雲五的補充辦法，主要是切實大幅度增加稅收，允許物價有限提高，略微增加工資，在那時若貿然推行，勢必更加重人民負擔，進一步激化社會矛盾，其實是行不通的。他回國後將此類辦法寫成修改方案，在立法院一再遭否決。〕

阮：先生主張糧食限價，而有人主張自由買賣，致使其他物價無法管制，此為金圓券失敗主因之一。反對糧食限價者系何人？

王：反對最力者為糧食部長關吉玉，附和者為主計長徐堪。他倆均以糧食限價影響軍糧供給，作為反對限價的理由，其實皆想做財長而不支持我之政策。我辭財長職後，果由徐堪接任。

〔按：王雲五對主計長徐堪「阻擾」他大力推行改革幣制，很為不滿。他在自述中也提到：「財政部長只能主管歲入，而不能主管歲出；因為歲出之發動屬於各院部令，而其初步審核即屬於行政院中新設之主計部。因此，我現在以財政部長之地位，所能控制國家預算之力量，還不如張內閣中我以行政院副院長之地位。[31]」〕

阮：金圓券後期，先生擬拋出部分金鈔，收回數億元金圓券，以

31　《自述》，第 540 頁。

抑制金圓券發行膨脹。為何未能實行？

王：翁文灝捨不得再拋金鈔，其時，總統在北平指揮軍事，翁北上彙報其他要政，卻不提我委託他代彙報之再拋金鈔一事。

〔按：翁文灝處事謹慎，不向蔣介石彙報拋金鈔之說甚不可信。「捨不得再拋金鈔」的不應是翁文灝，而是蔣介石。唯有蔣介石才有權力決定是否將兌收而得的金鈔還給民眾。在東北戰場即將崩潰之際，蔣介石需要這筆搜刮到手的民間硬通貨支付以後的內戰軍費。〕

阮：金圓券共收兌民間多少金鈔？以後如何支用？

王：共收金鈔合美金四、五億元。為此事，熟人中凡曾兌換金圓券者皆當面對我責　備至。那時，上海收兌金鈔均送中央，北平、天津、廣州皆送一部分給中央，武漢金鈔則為當地軍人扣留。大陸撤退時，由俞鴻鈞搶運金鈔來台，實屬有功。日後臺幣改革，這筆金鈔用作基金之一部分。

〔按：王雲五將搶運民間金鈔到臺灣的「功勞」記在俞鴻鈞頭上，並非忘記了蔣介石有下達命令之「功」，他本人此前有發明兌收金鈔條文之「功」，實在是這種做法太不光彩，太失人心，因而讓俞鴻鈞獨享此「功」。〕

金圓券全案給王雲五留下了極不光彩的一頁，金圓券所造成的災難使他愧對上海市民和國統區所有人民，他在大陸再也呆不下去了。國民黨政權避逃臺灣之初，許多高級官員對王雲五也有看法，加上金圓券洩密案一時懸而未裁決。王雲五一時無路可走只得暫居香港，以觀動靜。

第十一章

孤島附政

在港滯留觀望，得蔣介石資助，成立華國出版社。赴台定居，雖受當局器重，內心仍覺淒涼。參加「自由人」活動，《自由人》刊物屢惹麻煩，王雲五向當局斡旋無結果。

解除財政部長職務後，王雲五獨居廣州兩個月，旋暫居香港兩年，然後遷居臺灣，直到 1979 年去世。他的後半生大致可分為兩個階段，從 1948 年 11 月解除財政部長職務到 1963 年 12 月辭去臺灣「行政院」副院長，是第一階段，以從事政治活動為主，兼顧社會文化活動。其間，前 5 年沒有正式官職，但社會文化活動大多具有政治性，後 9 年在臺灣做「考試院」副院長、「行政院」副院長。從退出臺灣政壇到逝世為第二階段，以從事文化出版事業為主，偶爾撰寫若干篇應景的時論政文。當然，這只是筆者為敘述方便所作的粗略劃分，其間政治活動與文化活動有所交錯，無法截然分清。本章主要敘述第一階段的活動。

1948 年 11 月 13 日，王雲五被聘為行政院顧問。這是榮譽職位，對於已經辭去財長職務的他而言，沒有什麼實際意義。11 月 26日，王雲五攜帶家眷自南京飛往廣州，留在寧、滬兩地的大量書籍無法帶走，數十萬張卡片交潘序倫主持的立信專科學校保存[1]，但三枚勳章和證書沒有忘記帶上，即他在 1945 年 10 月 10 日獲得的二等景星勳章和勝利勳章、1948 年 1 月 1 日獲得的一等景星勳章，都是國民黨政府頒授的，以表彰他參政從政的「業績」。由於他從政位居國府高官要職，「業績」又多倒行逆施，因此他還有「甲級戰犯」的不光榮稱號，這是中共方面根據他的政治表現給他的。

---

1 香港《大公報》1979 年 8 月 13 日。

王雲五雖然思鄉心切，但政局劇變，不便回中山縣泮沙村故居。他自述道，「近 50 年來，未嘗在故廬居住一日，驟然返鄉也有許多不便」，遂決定獨居廣州戚家，「以二、三個月時光，撰著兩年半之從政，十余萬言[2]」他的夫人和子女在廣州稍住幾天，即轉赴香港。1949 年 1 月上旬，王雲五到香港探視親人，並密切觀察國內局勢發展，考慮今後的去向。1 月底，王雲五返回廣州收拾行李，遷居香港。此間，倫敦大學西門教授（Prof.Walter Simon）和劍橋大學夏倫教授（Prof.Hayoun）先後邀請他赴英講學。不久，夏倫轉交給他劍橋副校長 C.R.Raven 簽發的聘函，聘他為漢學特別講座，暫定一個學期。

遷港不久，王雲五收到張元濟給他的最後一封信函，寫於 3 月 13 日，信中說：「威海衛路我兄舊居，近瀛眷及世兄輩均已離去，編審部適需遷移，即擬移入[3]」。在此之前張元濟於 1948 年 12 月 24 日給他的一封信，通知他已被解除商務印書館董事，順帶寫上幾句客氣話：「久未通問，史久兄歸，詢問起居安吉，至為欣慰。久兄並言有貴友在臺灣，招往結鄰。鄙見廣州將來必益繁冗，不宜久居，甚望能早日東渡也[4]」王雲五後來將「東渡」解釋為赴台，評論道：「勸我早日東渡臺灣，在友誼上甚可珍貴[5]」從此，王雲五與張元濟天各一方，不再往來。2 月上旬，「參政會」副秘書長自臺灣發函，勸王雲五赴台。王雲五舉棋不定，留港、赴台或暫時赴英講學，都是可能的選擇。由於他沒有正規學歷，在英、美等國作講座尚可應付，正

2　《自撰年譜》，見《年譜初稿》，第 715 頁。
3　《年譜初稿》，第 720-721 頁。
4　《岫廬已故知交百家手箚》，王雲五 1976 年自印本。
5　《自述》，第 568 頁。

式任教便缺乏必要條件了。因此，真正可以選擇的僅港、台兩地。4月，王雲五以探望大兒子學理為名，飛抵臺北，其實是要考察一下臺灣是否可作為他的久留之地。經由國民黨「總裁辦公室」秘書長王世傑從中聯繫，王雲五到臺北的第三天，便奉下野總統蔣介石之召，上陽明山拜晤，會談約 5 小時。蔣介石希望他赴英講學後勿久留海外，若願意遷居臺灣，可就近備諮詢，或辦個小書局，從事出版業[6]。王雲五答應赴英講學後即遷往臺灣，至於辦小型出版社，若有必需的啟動資金，馬上可著手進行。蔣介石對他的表態感到滿意，允以給予適當資助。

5 月，王雲五開始籌設「華國出版社兩合公司」，先後投入籌辦資金新臺幣 20 萬元，他和親友出資 5 萬元，蔣介石撥款 15 萬元。由於王雲五的家庭開銷較大，他不敢輕易動用存款來辦出版社，於是經王寵惠介紹，王雲五將他所收藏的明、清名人手箚千余通及趙松雪手書長卷等售于李石曾，將所得錢款用作籌辦出版社的經費。華國出版社在臺北進行登記，在香港印刷，出版物在港、台兩地發行。這是因為「彼時臺灣印刷業尚未發展，排印及原料，成本遠較香港為昂，且推銷國外，亦有賴於香港為仲介，故除定以臺北市為公司所在地以外，即預先以大部分在香港辦理，並於香港設一名為『香港書店』之門市部，並對外經辦發行之任務」[7]。12 月 25 日，華國出版社在港、台兩地同時開業，王雲五任社長，另聘若干人作助理。這個出版社儘管是民營的，但其中有蔣介石的撥款，因此，必然在出書方針上堅持

6　彭桂芳:《一生豪氣干雲──岫老的十年再奮鬥》，載臺灣《國魂》第 375 期。
7　《年譜初稿》，第 723 頁。

反共立場，這一點王雲五本人也不諱言[8]。

　　該社第一本出版物，即王雲五翻譯的《在鐵幕之後》，30 余萬字，用筆名龍倦飛。由於金圓券案的餘波未息，「王雲五」三字在那時不便公開使用；龍倦飛，取意「雲從龍」，以及「雲無心以出岫，鳥倦飛而知還」之義。1950 年，王雲五的多種譯著由該社出版，大多是一些適應冷戰需要的宣傳性讀物，沒有多少學術價值。儘管王雲五宣稱要「以工具書為維持營業之基礎，教科書副之」，但除了《王雲五綜合詞典》于同年 4 月由華國出版社出版之外，該社在工具書和教科書的出版方面沒有取得多少成果。由於譯印的新書滯銷，在港機構被迫於 1951 年 12 月撤銷，而在臺灣出版的書則缺乏對島外推銷的途徑，華國出版社的處境頗為艱難。1950 年，王雲五居住在香港，間或飛赴臺灣，處理與華國出版社有關的事宜等。在港期間，王雲五還撰寫政論時評多篇，發表于《自由中國》半月刊等雜誌上，加上遷台後發表的若干篇政論文章，後來編為《岫廬論政》。

　　與華國出版社在港機構有連帶關係的，是「自由人」組織的成立和《自由人》三日刊的出臺。由於國民黨統治在大陸完全失敗，部分堅持反共立場而對臺灣當局持觀望態度的遷港人物集議對策，時常利用國民黨租借在銅鑼灣的房屋集會，以「自由人」自命。王雲五因主持華國出版社在香港的事務，被推為「自由人」的召集人。由座談會發展到決定創辦《自由人》三日刊的過程，王雲五作了如下憶敘：

　　每次參加座談者，多至三十餘人，少亦一、二十人，皆為文化界

8　《自述》，第 569 頁。

人士，或為舊日與政治有關係者，各政黨及無黨派人士皆有之。後來我以香港政府最忌政治性的集會，凡參加人數較多，尤易引起猜疑，動輒干涉，加以如此散漫的座談，亦未必能持久，因於某次座談會中提議創辦一小型之定期刊物，每週或半周出版一次，既可藉此刊物益鞏固反共人士之維繫，且刊物一經向港政府註冊，則在刊物辦公處所舉行的座談，皆可諉稱編輯會議，可免港政府之干涉。……結果決辦三日刊，定名為《自由人》，其資金由參加座談人士各自量力提供。我首先代表華國出版社提供港幣一千五百元，此外各發起人分別擔任，或一千、或五百不等；並經決定撰文者一律用真姓名，以明責任。其後，又決定委託香港時報代為印刷發行[9]。

但是，在《自由人》即將創刊之際，王雲五卻決計遷居臺灣，其自述原因頗有傳奇色彩。據他說，12月下旬某一天，他參加「自由人」集會後，傍晚回到家中，「忽聞玻璃破碎聲」。晚餐後，「女傭在掃地時，忽撿出子彈一枚」，他檢查結果，發現露臺欄杆上的一扇玻璃有「洞穿之圓孔」，「樓梯頂壁襯有鋼絲之一玻窗也有裂痕，但未洞穿」。據此，他「乃作合理推論，當因自外射入之一子彈，洞穿了欄杆上之一扇玻窗，正循著拋物線繼續向前，而觸及對面之樓梯頂壁的鋼絲玻窗，殆因所觸為鋼絲，且射力已近強弩之末，致未能洞穿後一玻窗而被撞回墜地」。據其推測，子彈從對面公寓射出，「我就此再三思考，所謂近因殆不出我近來參加之反共運動。因我半年來，每星期三下午輒參與座談會」。他遂決定「託病暫不外出」，「於一月三日清早悄悄地前往啟德機場，乘機前往臺灣」[10]。

---

9 《自述》，第104-105頁。
10 《自述》，第105—108頁。

這段沒有任何旁證的憶敘和推測，是頗令人生疑的。他每週三都要參加「自由人」聚會，行蹤固定，若有人要暗殺他，在他下車步行回家之際，或開門上樓梯之際下手，最有把握，何必隔樓遠射呢？而且，「暗殺者」只開一槍，子彈未穿越王雲五當時所在的房間。如果王雲五確實找到了彈頭，也只能說明這是一次警告，不是真的要他性命。誰人所為，毫無證據。以子彈警告有關人士之類的做法系國民黨特務常用的手法，受過此等威脅者不在少數。王雲五認定他遭遇的是「政治性的暗殺」，但又「決計不報警」，又未與友人談起此事，這與他較強的「法制觀念」與重私人友情的一貫作為也不相符合。再者，既有被殺之可能，他為何不馬上設法離港，而要捱到次年 1 月 3 日才離港？這也不合人之常情。據上述分析，筆者認為，王雲五在事隔多年以後才提及的所謂「謀殺事件」，其實是要向在港友人交代，為何「自由人」的發起人和領導者，會拋棄在港「自由人」而赴台，並為自己赴台附政從政製造一個說得過去的藉口。後來，雖有「自由人」的每週聚會，但在港「自由人」大多心境不寧，彷徨有去意，到 50 年代初陸續赴台者居多。王雲五只是比他們先走一步。所以，無論是否發生過槍擊事件，王雲五遷居臺灣的決心早就下了。香港不宜作久留之地，是他遷台的第一個真正原因。第二個原因，赴英講學一事已擱淺。其時，英國政府承認了新中國，使他最終取消了借英國之行暫避海外的打算。最為重要的原因是，蔣介石在 1950 年 3 月 1 日恢復了「總統」職務，臺灣當局屢屢邀請王雲五赴台，欲再次啟用他這位「社會賢達」，讓他繼續扮演好政治花瓶的角色，並想利用他的影響力，間接控制從大陸到臺灣去的文化人。

1951 年 1 月 3 日王雲五飛抵臺北定居，1 月 9 日即被聘為「行政院設計委員會」委員，5 月被聘為「總統府國策顧問」，月薪 1000 元新臺幣，經濟待遇相當於一個特任官，12 月被聘為「行政院設計委員會政制小組」第一小組召集人，另三個小組召集人分別為張群、邱毅吾、張厲生。同年 4 月，因女兒在美國住院動手術，王雲五向臺灣當局函告困難情狀，「行政院」院長陳誠特批 1000 美元。由此可知，國民黨當局對王雲五格外照顧，對他發揮政治影響寄以厚望。然而，王雲五雖有些官方賜予的名譽職務，畢竟還沒有擔任實職，潦落之感仍縈縈於懷。1951 年 2 月 6 日（年初一），他作《元日述感》五言詩，敘事抒情中充滿了政治失意者的淒涼感：

　　門鮮車馬客，長日伴硯田，昧爽初治茗，啜罷展書箋。
　　晨炊猶未起，屬稿已盈篇，一日五千字，程功不苟延。
　　久坐舒筋骨，徘徊玫瑰園，不堪回首比，江山萬朵妍。
　　最是惱人處，萬卷付雲煙，藏書自多危，何如入腦賢。
　　當如蠶吐繭，綠葉變絲棉，當如牛吃草，漿酪勝甘泉。
　　書生違世立，實懷解倒懸，此生惟一願，為學更十年[11]。

　　王雲五赴台後的最初幾年中，以寫作、演講等為主，議政參政為輔。其原因，除了他本人還保留些文化人的習慣之外，在大陸期間政績不佳、名聲不好，也是一個原因，這使他本人和臺灣當局都有些顧忌。金圓券案固然是輿論指責王雲五的一個重要方面，但還不是唯一的，他藉以在南京政府當大官的政治資本──「社會賢達」的頭銜，也被諷刺為「馬路閨秀」，甚至他在南京政府經濟部長和行政院副院

<hr>

11　《岫廬紀事詩存附詩余》，王雲五 1977 年自印本，第 10 頁。

長任內的作為，也成為臺灣輿論諷刺的對象。例如，1947 年 5 月寧、滬等地學生舉行反饑餓運動，王雲五以行政院副院長的身份勸止學生。這段往事，也被臺灣《全民日報》翻出花絮，嬉笑怒　了一番：

在學潮中，岫廬接見學生，頗受揶揄，怒曰：「我為行政院副院長，汝輩何得如此無禮！」學生益就嘲之，臨時編小調，大聲合唱曰：「呵呵！社會賢達！哈哈！社會賢達！」岫廬怒而入。說者頗以是笑其氣度之狹。其實岫廬一生成功，得力於「壓」，商務印書館之科學管理，一言以蔽之，「壓」而已矣。三十年之工作經驗，天才自負，其視人也與機器同，昔以之臨商務員工，今複以之臨學生，安得不敗[12]？

王雲五在這一段時期的寫作，基本上以撰寫文章為主，內容涉及政治、管理、教育、為人等各個方面，分別發表於台、港雜誌，如《幼獅》月刊、《真理世界》月刊、《自由新聞》、香港《工商日報》、《中華民國雜誌年鑒》、《中國一周》、《當代青年》、《中央日報》、《讀者文摘》、《自由談》、《新生報》、《自由人》、《讀書》、《中華日報》、《人事行政》、《法會月刊》、《學術季刊》、《祖國》週刊、《反攻》半月刊、《民力》月刊、《傳記文學》等。他還為許多書籍作序，時而寫下些不合韻律的仿古體詩詞。他時常應邀到機關、學校、團體及廣播電臺發表演說。這些詩文和演說記錄稿，加上在大陸時期的演講辭、文稿等，後來分類彙編成書，陸續出版，計有《岫廬論管理》、

12　參閱黃公偉：《王雲五之「賢達」面目》，載朱傳譽主編：《王雲五先生生平資料》(二)，臺灣天一出版社 1985 年版。

《岫廬論政》、《岫廬論世局》、《岫廬論教育》、《我的生活片段》、《談政治》、《談世界》、《讀書常識》、《國際常識》、《對青年講話》、《談國際形勢》、《科學管理常識》、《憶舊遊》、《岫廬紀事詩存附詩餘》、《岫廬序跋集編》等書。有些是文化學術類的，有些是政治類的。此外，他還編成《中國史地詞典》、《英文成語新詞典》。他的大量譯著，於此不一一列出，但《美國全史》這部長篇巨著有必要提一下，這是一部長達 130 余萬字的巨著，王雲五從 1953 年 6 月中旬起翻譯，歷時 3 年才譯畢，用龍倦飛筆名，由臺灣商務印書館出版。

他的社會文化活動和有關兼職也很多。1952 年 3 月起，任臺北《新生報》專欄作者，每月寫有關國際政治文章一、二篇，每篇約 1500 字。7 月，任「國立故宮中央博物院」共同理事會第二屆理事長（兩年一任，蟬聯至第 7 任）。9 月，中西文化經濟協會成立，任理事（後來又與于右任、張道藩任常務理事，晚年任理事長）。1953 年 2 月，任臺灣商務印書館業務計畫委員會主任委員（1954 年 9 月，因「考試院」副院長的公務員身份不宜兼任民營企業職務，辭去臺灣商務印書館業務計畫委員會主任委員）。1954 年 4 月，任香港《祖國》週刊特約撰稿人。7 月 9 日，被聘為「教育部學術審議委員會」名譽委員。7 月 14 日，被聘為「教育部大學用書編審委員會」委員。8 月上旬，政治大學復校，被聘為該校政治研究所兼任教授。1955 年 10 月，任二十五史編譯館理事會理事。

王雲五這一時期的社會活動，有純文化學術性質的，也有政治性的，大多是兩者兼而有之的，但他參與時間最長、佔用社會活動時間最多的是「自由人」的活動。據「自由人」之一的阮毅成後來記敘，

到 1951 年 7 月，在台「自由人」計有王雲五、王新衡、端木愷、程滄波、胡秋原、吳俊升、黃雪村、閻奉璋、樓桐孫、陳石孚、陶百川、陳念佘、雷震、阮毅成、徐道鄰。在台同人公推王雲五為自由人社董事長，7 月下旬起平均每兩周聚餐一次。仍留在香港的「自由人」有左舜生、金侯成、許孝炎、成舍我、葛少夫、雷嘯岑。1952 年 3 月 15 日，在台「自由人」舉行全體會議，由王雲五主持，對《自由人》刊物的立論態度決定為：「除積極的主張民主自由，消極的反共抗俄外，並須維護現行憲法宣導議會政治」，「凡外界對臺灣有惡意攻擊影響國本時，應予駁斥」，並增加刊物的新聞性和趣味性，以廣銷路[13]。「自由人」意見產生分歧、《自由人》刊物滯銷等問題，從這次會議的決議中已露端倪。6 月 14 日，在台「自由人」聚會于臺北市武昌街一段十八號立法委員俱樂部，討論在港同人成舍我函辭自由人社社長，及《自由人》是否要移辦到臺灣等問題。王雲五認為，《自由人》刊物若移到臺灣編輯發行，則「功用全失」，應堅持在香港辦下去，若經費困難，可改三日刊為月刊。會議決定，由王雲五復函成舍我，力勸他在香港至少要堅持到 7 月底。成舍我赴台後，《自由人》刊物在香港更難維持了。為此，在台「自由人」一再商議對策，王雲五堅持要辦下去。1953 年 3 月 14 日，在台「自由人」在成舍我寓所集議，就許孝炎來信，再次討論《自由人》刊物應如何辦理。許孝炎來信稱：《自由人》已積欠香港時報社印刷費港幣 6000 元，拖欠稿費 11 期，而且雷嘯岑也決意赴台，左舜生又要去日本旅行，無人主持，不如停刊。3 月 17 日在台「自由人」再議對策，王雲五等力勸成舍我赴港主持刊物，成舍我一口回絕，堅決不去。這次

13　阮毅成：《自由人參加記》，轉引自《年譜初稿》，第 771 頁。

會議作出決議，刊物仍在香港維持。在此期間，「自由人」雷震辦的《自由中國》屢屢發表違禁文章，使臺灣當局十分惱火。

1955 年 3 月，《自由人》又捅了馬蜂窩，該刊文章論及揚子公司在上海時期的貪污案，批評了孔祥熙。國民黨當局很為惱怒，決定直接干涉。「司法部」部長谷鳳翔致函王雲五稱「傾閱本月二十三日《自由人》報刊載《自由談》及《半周展望》雷嘯岑先生文內謂，揚子公司貪污案牽涉本部，曷勝駭異，此種無稽之詞，殊足影響政府信譽」，要求「查明更正」[14]。3 月 26 日的國民黨中央黨部宣傳會議對《自由人》的言論表示極為不滿，責成《中央日報》社長阮毅成將中央黨部意見轉告「自由人」及有關刊物。據阮毅成《自由人參加記》記敘，中央黨部秘書長張厲生在會上作報告，說：「香港《自由人》三日刊，近日言論記載愈益離奇，須採取停止進口處分。」阮毅成當場辯解道：自由人社參加者「多為各方知名人士」，請「勿予停止進口」，否則，反而會遭致海外人士的批評。3 月 30 日，自由人社在台同人再次聚會，商討對策，由王雲五主持會議，得出「在台同仁，願意退出」的決議，但又認為（自由人）刊物不宜停辦。4 月 7 日，王雲五致函張群，請轉告蔣介石，打算以改組自由人社、變通處理《自由人》刊物的方式，以維護政府形象：

數年以來，該刊主張尚鮮有失當，不幸最近發生言論失控之事，弟為發起人之一，以道遠未能預防，深覺不安。側聞政府有予以停止輸入處分之議，在政府依法處理，該刊咎有應得，弟詎敢有異議，惟是該刊經費本奇絀，全恃內銷而維持，一旦停止內銷，勢必停止刊

14　《年譜初稿》，第 847 頁。

行，外間不察，或不免對政府妄加揣測，弟愛護政府，耿耿此心，竊認為消極制裁，不如積極輔導，設能在政府輔導之下，將該刊改組，由政府指定負責主持言論之人實行接辦，可變無用為有用[15]。

但是，王雲五的信函並不能改變國民黨最高當局的態度。中央黨部非但堅持《自由人》刊物禁止輸入臺灣，而且規定該刊不得再與香港時報社發生聯繫。《自由人》的印刷向來由時報社代辦，時常拖欠印刷費，時報社並不催逼。中央黨部不許《自由人》刊物借助時報社之力印行，猶如釜底抽薪，欲置《自由人》刊物於死地；同時，此舉也是對所有「自由人」的警告。4月15日，在台「自由人」討論應付辦法，王雲五主持會議，決定「在台同仁既已必須退出」，中央黨部又有嚴令，「環境困難如此，只可宣佈停刊」。會後，王雲五即寫信給《自由人》刊物在港負責人左舜生，通知停刊決定。不料左舜生等人對國民黨的專制行為頗為反感，決定克服困難，自行其事。4月29日左舜生自香港致函王雲五，明確表示反對停刊[16]。從此，香港「自由人」自行其事，不再受王雲五、阮毅成等約束。《自由人》刊物堅持到1959年9月13日才宣佈停刊。在台「自由人」不再自由，內部也發生分化，雷震等人抨擊專制統治，與臺灣當局關係緊張；親臺灣當局者仍保持相互間的聯繫。據阮毅成回憶，在台部分原「自由人」於1961年9月27日再度定期集會，後來又邀請國民黨元老與高級人員參加：「原自由人在台同仁中之王雲五、樓桐孫、成舍我、陶百川、程滄波、端木愷及我。由范爭波兄發起，邀集每月定期聚餐一次。另約余井塘、吳三連參加，共十人。旨在聯歡，輪流做東。後又

15　《年譜初稿》，第849頁。
16　《年譜初稿》，第852頁。

有同仁約請陳立夫、錢大鈞、顧祝同、蔣鼎文四人與會。蔣逝世後，未再補人。聚會至今未中斷，蓋已十七年矣。」聚會雖延續下去，性質與前已大不一樣。

在台多次參加「國民大會」，屈從蔣介石意旨。敲邊鼓，吹喇叭，「國大之寶」有辱學人剛正品行。在官言商，以商喻政，不料當局政治權術有別于商業信用，「動員戡亂」條款壓倒一切。

50 年代初，臺灣國民黨政權面臨經濟困難、人心不穩的社會現實，為了繼續維持在海島一隅的統治，1952 年 10 月國民黨七大結束後，即醞釀召開所謂的「國民大會」，以便借「合法」的名義加強統治。第一屆「國大」召開過多次大會。第一次「國大」是在南京時期由國民黨單方面召開的，中共和民盟都拒絕參加。另幾次「國大」都是在臺北舉行的，其實是國民黨控制下的「台大」，更加「名不正，言不順」。王雲五先後參加了第一屆「國大」的六次大會，而且都是主席團成員。南京一屆一次「國大」期間，王雲五身為行政院副院長，主席團會議多不能參加。一屆二次「國大」於 1954 年 2 月 19 日在臺北開幕，由胡適任臨時主席，主要任務有三個，一是選舉「總統」、「副總統」，二是決定所謂的《動員戡亂時期臨時條款》應予延長還是廢止，三是討論監察院對副總統李宗仁的彈劾案。在一屆二次「國大」籌備和開會期間，王雲五還沒有正式官職，表現頗為活躍。3 月 1 日，開始大會討論，代表們熱衷於細枝末節的爭論。3 月 3 日舉行的第二次大會討論，仍糾纏於議事規則和個別字眼上的爭執，尤其在代表們「得聽取政府施政報告」，還是改為「應聽取政府施政報告」的一字之爭中相持不下。據報導，主持大會的王雲五「巧妙」地

解決了爭論問題：

　　還是「說明專家」王雲五解除了幾個爭論之結。第一個「結」是「得聽取政府施政報告」（原文）與「應聽取政府施政報告」（修正意見）的「得」、「應」之爭。王氏解得極妙：「當年決定原文時，大家覺得『得』者表示有權，『應』者表示有責，因此用『得』而不用『應』。」結果，大會表決通過用「得」[17]。

　　這樣的討論，看似十分認真，其實是小題大作，於事無補。

　　在討論《動員戡亂時期臨時條款》應存應廢問題時，以陳其業、莫德惠等 87 人所提臨時動議交大會表決，輕易通過，《臨時條款》繼續有效。實際上，延長《臨時條款》的輿論，國民黨已經製造好長一段時間，王雲五則以無黨派身份趕湊熱鬧。早在 1953 年 11 月，即距「國大」一屆二次大會開幕前 4 個月，王雲五便撰專題文章，發表在《世界真理》月刊上，對此進行鼓吹，認為繼續有效「當然也是不成其為問題的」。既然是「不成問題的問題」，《臨時條款》當然在「國大」二次會上順利通過。

　　彈劾李宗仁與選舉「總統」、「副總統」是兩個有連帶關係的問題。國民黨南京政府時期，李宗仁在一屆一次「國大」上被選為副總統，1949 年 1 月蔣介石宣佈下野，給李宗仁以「代總統」的名義。1949 年 11 月 20 日，李宗仁飛抵香港，住入養和醫院，12 月 8 日飛赴美國定居，拒絕到臺灣。李宗仁的副總統、「代總統」名義不去除，臺灣方面便不能名正言順地產生「總統」、「副總統」。這是一屆

17　臺灣《新生報》1954 年 3 月 4 日。

二次「國大」必須解決的問題。王雲五於 1953 年 12 月寫就《行將召集之國民大會的任務》，交《民力》雜誌發表，把話說到了點子上：李宗仁不能連選連任已是勢所必然，但「按法律程式」，總得提交「國大」討論一下。關於「總統」選舉問題，王雲五於 1954 年 2 月 17 日發表《總統副總統選舉罷免法中一個不成問題的問題》，為蔣介石當選「總統」製造輿論：「就事實而言，此次選舉總統，今總統蔣先生為惟一的理想候選人毫無疑義；至於他党有無候選人提出，迄今尚無所聞，想來多半是不會提出的。」王雲五發表這類文字，是否「奉旨」行事，無從稽考，但事實上起了輿論定調的作用，則是毫無疑問的。3 月 10 日，王雲五主持討論李宗仁罷免案，沒料到發言頗為熱烈，還出現了不同觀點，經表決通過罷免案。據第二天臺灣報紙報導，罷免案通過後仍有餘波，但被王雲五以強硬態度平息，國民黨黨報予以盛讚說：「王雲五主持大會斬釘截鐵，不拖泥帶水，節省了不少時間。下午何成浚主席主持大會，則採用無為而治辦法，也皆大歡喜。一剛一柔，後先輝映。[18]」

對於在「國大」會議期間發揮的「積極」作用，王雲五很為得意，他追述道：

因此次大會所處理和討論的三個主題——選舉、罷免與臨時條款，我在大會召集或討論以前，皆曾提出主張；而大會處理之結果，均與我的主張若合符節。……至於大會期內，我個人為大會的效力，似乎也較一般代表，甚至主席團中許多主席效勞者略多，例如大會共開十一次，每次分上下午，共二十二節次，再加上選舉、預備會各四

18 臺灣《中央日報》1954 年 3 月 11 日。

次，開幕式、閉幕式各一次，共計三十二節次，以主席團輪流擔任主席計，平均約兩人有半僅得主席一節次，我獨以主席三節次，計超出平均數約八倍[19]。

　　倘論「先見之明」，王雲五是不值得驕傲的。罷免李宗仁，選出「蔣總統」，延長《臨時條款》，在國民黨加強一黨專政、最高決策者非蔣莫屬的政治背景下，這樣的結果是人人都能預測到的。不同尋常的是，王雲五主持大會達 3 次之多，超出主席團成員主持會議平均數的 8 倍，可見國民黨當局對他很有好感，很想利用他。二次「國大」閉幕後不久，王雲五即出任「考試院」副院長，也就不足為怪了。說實在的，王雲五作為無黨派人士，對「國大」起不了決定性作用，充其量只是一個敲邊鼓、吹喇叭的角色。但是，透過他在「國大」的表現，我們可以從另一個側面透視臺灣「國大」的五花八門及其實質。對於王雲五個人經歷而言，在臺灣「國大」屢有表現，也是不可或缺的內容。

　　一屆三次「國大」於 1960 年 2 月 19 日在臺北開幕。這次會議開得亂糟糟的。會議尚在籌備階段，賄選主席團成員的醜聞便不斷被披露。王雲五在 2 月 10 日的日記中寫道：「聞競選主席團者，每人花費多至五、六萬元，每票付代價五千元，天下真無奇不有。余向采三不主義，一不求職，二不應考，三不競選。[20]」王雲五的「三不主義」，有自命清高的一面，但在旁人看來，又像是在說風涼話，他那時任「行政院」副院長，又是政界無黨派人士中的元老，入選主席團

<hr>

19　王雲五：《參加第一屆第二次國民大會追述》，1959 年 7 月 21 日撰畢，交《自由談》月刊發表。
20　《年譜初稿》，第 1068 頁。

是水到渠成的事，自然不必競選或賄選。會議的第二輪風波發生在推定第一審查會召集人，各派代表相執不下，從口誅筆伐發展到全武行的打鬥，王雲五記述道，「爭執至為熱烈，居然在會議中發生代表打架事件」[21]，輿論為之譁然。

一屆三次「國大」原定的主要任務是選舉「總統」、「副總統」，這是因為蔣介石和陳誠的任期已到期。根據「國大」通過的「憲法」規定，「總統」只能連任一次，而蔣介石已連續擔任兩屆，按「法理」沒有再度競選的資格。國民黨當局把注意力集中在如何「修憲」，以保住蔣的統治地位。另一個問題是，民社黨、青年黨、部分無黨派代表和部分國民黨代表，在會前提出要實施創制、複決兩權，其理論依據是孫中山對政治權利的解釋。孫中山把政治權利分為「政權」和」治權」兩類，政權包括選舉權、罷免權、創制權和複決權，後兩項相當於西方議會的法案提議權與審議權。部分「國大」代表要求「國民大會」行使創制、複決兩權，以制衡行政權力過大的弊端，其實質是反對國民黨一黨專政。而要獲取創制、複決兩權，前提是要否定《動員戡亂時期臨時條款》。因此，一屆三次「國大」主要討論三個問題：所謂的「動員戡亂」的名稱是否還有必要維持？創制、複決兩權應否由「國大」行使？總統能否連任一次以上？

這些問題首先在「國大」第一審查委員會修改臨時條款整理小組討論，然後提交大會討論、表決。3月7日，在國民黨操縱下，推定47人的整理小組，王雲五為召集人。鑑於報界報導「國大」代表打鬥事件已造成「不良影響」，王雲五提議整理小組開會時，「為使與

21　《自述》，第613頁。

會者得以自由發言，應謝絕新聞記者參加」。於是，整理小組進行封閉式的討論。王雲五以主持人的身份，提出「動員戡亂」名稱不變，「總統」可以連選連任，創制、複決兩權留待以後解決，他說：「動員戡亂時期總統得連選連任，不受憲法第四十七條連任一次之限制。」「關於國民大會創制、複決兩權之行施，于『國大』第三次會議後，設置機構，研擬辦法，連同有關修改憲法各案，報由總統召集國民大會臨時會議討論之。」整理小組的這次會議，意見頗多分歧，討論自 3 月 7 日下午 4 時開始，至次日零點 40 分才結束，歷時約 9 小時，勉強達成一致意見，與王雲五所提建議大致相同。會後，王雲五趕緊整理討論結果。3 月 8 日，他在審查會上作了彙報。國民黨報紙對他大加讚揚：「王雲五代表是前夜徹夜會議的主席，他在審查會上報告說：『我七十多歲，從來沒有參加過這樣連續 9 小時長的會議，我們暢所欲言，沒有限制，我們都抱定不睡覺到天亮非要交卷的決心開下去。』這位睡眠僅三小時的老人，絲毫無一點倦容。[22]」但是，經審查會通過的提案交付大會討論時，引起激烈爭論，代表們紛紛要求發言，以致不顧大會主席勸阻，搶先講話，會場裡好幾個地方同時展開唇槍舌戰，一時秩序大亂。於是，當天夜間臨時推定 10 人小組，以對付大會意見無法統一的矛盾。10 人小組由王雲五、張其昀、何應欽、穀正綱、余井塘、黃季陸、李宗黃、王培基、張旦平、顏澤滋組成，王雲五為召集人。這 10 人小組，國民黨要員占了大多數，決議拖延創制、複決兩權的行使。3 月 11 日大會開始後，仍是一片混亂，反對意見仍然很為激烈。這時，王雲五突然起立，朗聲發言，重點在於說明創制、複決兩權必須拖延行使，但到時候必定能夠

---

22 臺灣《中華日報》1960 年 3 月 9 日。

行使，並以自身來自工商界，說話向來算數為保證：

　　自大會正式開議以來，首先是修憲與修改《臨時條款》之爭持。及此一問題解決，全體代表對於藉《臨時條款》之修訂，使蔣先生得以連任，可謂人同此心，毫無異議；卻因創制複決兩權行使的問題，又發生激烈的爭執。……我們深知創制、複決兩權為大多數代表所企望行使，而極度關懷。所不同的只是即時行使，或是經過鄭重研究然後行使。第一審查會經過四十七人整理小組的長時間悉心研究，決議採取經過鄭重研究然後行使的方式。……本人來自工商界，工商界最重信用，是一便是一，是二便是二；本人雖服官，但並不是政客，希望大家信任本人的說話[23]。

　　王雲五的「在官言商」，以商喻政，著實讓與會代表吃了一驚，眾皆愕然，面面相覷，一時竟不知道該如何同這位「矮個子白髮老人」爭論；而況再爭吵也不會有結果，這位「矮個子白髮老人」的意見，代表的是國民黨當局的觀點。既然創制、複決兩權還有「研究行使」的一絲希望，於是持不同意見者也就緘口不言了。臺灣各報對王雲五這次發言的述評，大多集中在「在官言商」，贊之者說他重信譽、有威望，罵之者說他以商干政、亂政。3 月 11 日的會議修改了《動員戡亂時期臨時條款》，對「總統」連任問題作出新的規定：「行憲首任總統，不受憲法第四十七條連任一次之限制，連選得連任。」這一條顯然是特地為蔣介石得以連選連任而修改的。3 月 12 日，國民黨臨全會推定蔣介石和陳誠為「總統」、「副總統」的候選人。民社黨和青年党對國民黨強化一黨專政表示不滿，拒絕推出候選人。於

23　《自述》，第 618- 619 頁。

是會內外傳說，莫德惠和王雲五這次真要作為無黨派人士參加選舉了，否則蔣、陳沒有陪選物件，直接當選豈不太難看了！莫、王兩人趕緊聲明，無意參加競選。3 月 21 日蔣介石再度當選「總統」，3 月 22 日陳誠蟬聯「副總統」。由於「行憲首任總統」可以不受限制地連選連任，蔣介石先後共連任五屆「總統」。而第一屆「國大」代表，在南京舉行過一次，在臺北舉行了多次，一直沒有改選代表，被臺灣人民譏稱為「萬年國會」。

關於解決兩權行使問題，一屆三次「國大」通過了王雲五擬寫的《臨時條款規定設置機構之組織原則》，規定在適當的時候，召開「國大」臨時會議，設立「國民大會憲政研討委員會」，該會「設主任委員、副主任委員各一人，公推總統、副總統分任之」。這一緩兵之計，使「國大」行使創制、複決兩權問題一拖就是 6 年，到一屆四次「國大」開幕前不久，才召集臨時會議。

3 月 15 日，王雲五被推為「國大」一屆三次大會宣言起草人之一，另 8 人為陳啟天、羅家倫、胡適、馬星野、劉政原、徐鐘珮、韓春喧、朱文伯，以羅家倫為召集人。

1966 年初，6 年一度的「國大」又臨近了，開幕前的鬧劇也是必不可少的。2 月 1 日開始的「國大」臨時會議，由王雲五主持，「討論憲政研討委員會議定之創制、複決兩權行使辦法及其有關結論為議題」。臨時會議剛開始，便再次陷入爭吵和混亂，主要是在選舉代表團和議事規則上產生意見分歧。

2 月 4 日起，臨時會議討論「總統」諮送「國民大會」討論的三

個提案：關於「國大」創制、複決兩權行使辦法草案初稿，關於「國大」的「憲政研討委員會」對有關修改「憲法」各案研討結論，「憲政研討委員會」擬定之《關於行使創制、複決兩權之補充辦法四項》。此外，還有「國大」代表相關提案若干件。由「國大」主席團擬定234人，組成特種審查委員會先行討論這些提案，得出的基本結論是：不修改「憲法」，並決議對「憲政研討委員會」所提原案作必要的修改，由王雲五主持其事。在王雲五主持下，刪去原案兩項，增加三項。刪去的兩項是組織「憲政會」和召開臨時會議，因為這兩項已經兌現；新增的三項為在「動員戡亂時期，國大可以制定辦法，創制中央法律原則，複決中央法律」；「總統」對於有關創制或複決的提案，有權召集「國大」臨時會議予以審定；「國大」一屆四次會議閉會後，設置專門研究機構，研究憲政有關問題。這三條補充意見，其實是拖延手法，即「國大」可以提出創制、複決提案，至於是否審議，則由「總統」決定，具體問題的「研究」要在這次「國大」之後。換言之，一屆四次「國大」將不解決創制、複決的兩權行使問題。這實際上不是王雲五的個人意見，而是國民黨當局的決策。

一屆四次「國大」於1966年2月19日在臺北召開，王雲五主持開幕式。此時的王雲五已不再擔任政府官職，觀念上也有所變化，對於自己再次入選主席團，以及兩權問題拖而不決，也有抵觸情緒。他後來追述道：

嗣以執政黨堅欲我當選，並悉已由執政黨指定某要員負責為我佈置，我如不獲選，某要員不免要對執政黨負責，自不便作任何相反的主張，實際上一切處以消極態度。……在兩旬前召開的臨時會議中，

各代表多以沉重之心情與會，我亦不能例外。原因是兩權行使為絕大多數代表所期望，惟如何行使，與行使至何種程度，則不能不詳加研討[24]。

3月中旬，臺灣官方報紙刊登張知本領銜的「修改《臨時條款》案」，700餘名「國大」代表連署，來勢頗猛。這份見諸報端的提案，要旨是在《動員戡亂時期臨時條款》上補充三項：一、「設置動員戡亂委員會，決定動員戡亂有關之大政方針，並有處理戰地政務之全權，其組織由總統以命令定之」。二、「動員戡亂委員會對於中央機關之增減，調整編制與職權，及依選舉產生之中央公職人員，……均得制定辦法實施之」。三、以上兩款之施行，「不受憲法有關條文之限制」。對於強化專制統治的補充條款，王雲五內心是不贊同的，他認為這是國民黨授意張知本等人，以對抗民意，通過強化《臨時條款》來對付代表們的「修憲」要求：「餘以此種大事，事前一無所聞，且深信必非代表個人之創意，至少已獲得執政黨之默許，或意為執政黨所授意。方深疑訝之際，執政黨某要員來訪，果不出所料，乃執政黨之決策，而由張代表領銜向國民大會提出者。[25]」但是，「經過來者說服」，王雲五最終同意在該提案上具名，只是「聲言提出修正意見」。在「國大」討論此案時，王雲五發言，認為」不受憲法條文之限制」等語過於嚴厲。第二天，他與民社黨、青年黨及若干無黨派人物商議，決定提出修正案，即原則上同意原案，措辭上修改得婉轉些。結果，一屆四次「國大」通過了經補充的《臨時條款》。該條款明確規定，「動員戡亂時期之終止，由總統宣告之」，其實便是無限

24　《自述》，第644頁。
25　《自述》，第645頁。

期延長所謂的「動員戡亂時期」，使國民黨當局得以「合法」地加強專制統治。關於長期爭論不休的創制、複決兩權行使問題，該條款雖規定「國大」「得制定辦法」，但又補充說明，「總統對於創制案或複決案認為必要時，得召集國民大會臨時會討論之」。換言之，如果「總統」認為「沒有必要」，則「國大」有關提案不予討論。

按慣例，「國大」一屆四次會議又得選舉「總統」、「副總統」。國民黨提出的候選人是蔣介石、嚴家淦，其他各方都不提候選人。國民黨方面要製造競選的氣氛，鼓動各界人士發表言論，王雲五當然是其重點工作對象。王雲五的有關談話，由「中央社」發佈。他的談話，對蔣、嚴之「賢明」不免虛言渲染，屬於老生常談，了無價值，但也有精妙之處，即對於無競爭選舉的解釋，讀來令人捧腹：

最後，我想趁此機會，表明我的一點願望，就是現任總統蔣先生，為國民大會內外所共同擁戴，其當選已不待投票而早可決定。副總統應與總統同屬一政黨，且應為總統候選人所提名，夙為民主國家之通例。此次國民黨所提之總統、副總統候選人，當選既絕對有把握，則其他黨派或無黨派人士，自不必有任何陪選之舉動；節省手續，尚屬次要，明知無可能，也無必要，而故為點綴，似與實事求是之旨相違。最近聞青年黨與民社黨均有不參加競選之表示；無黨派人士，既無組織，更不必有所作為。……深信各黨派和全體國大代表也會同此主張的[26]。

借了國民黨預定調子的宣傳，王雲五似乎在幽幽地發洩牢騷。選

---

26 《自述》，第649頁。

舉大會由王雲五主持，一切都在預料之中，蔣介石、嚴家淦分別「當選」為「總統」、「副總統」。

對於王雲五在「國大」上的表現，臺灣方面有不同看法。國民黨報紙把他吹捧為「國大之寶」、「最佳主席」、「說明專家」、「最佳風度代表」。在國民黨的輿論專制時期，王雲五在「國大」的表現是受到高度讚揚的，幾乎聽不到坦率的批評聲。在 70 年代末臺灣黨禁稍有所鬆動的政治背景下，對王雲五的評價有了些新意。朱文伯撰文指出，1960 年「國大」第三次會議，執政黨堅持「總統」不經「憲法」修改程式得以連任，遭到強烈抵制，以致多數國民黨籍的代表也希望通過「修憲」，使「總統」的連任「有法可依」，代表們亦可行使創制、複決兩權。爭論的結果，「動員戡亂時期，總統、副總統得連選連任」，但又通過「國民大會制定辦法，創制中央法律原則與復興中央法律，不受憲法第二十七條第二項之限制」，王雲五為之協調，並保證「本人來自工商界」，說話算數，「希望大家信任本人的說話」。但到了 1966 年第四次「國大」，王雲五卻食言了。朱文伯對王雲五的食言與不敢秉公言政作了如下述評：

雲五先生好象忘了六年前的「保證」，主席團也好，大會也好，他竟不堅持了。為了怕「得罪巨室」，說「一」不是「一」，說「二」不是「二」，不能不說是一種缺憾！……他不是三緘其口的人，對同胞，對公教人員，甚至對外國人，常有談話發表，何以對政府吝于進言呢[27]？

27　朱文伯：《「蓋棺論定」論王雲五先生》，載臺灣《民主潮》第 29 卷第 9 期。

從 1957 年國民黨八大到 1969 年國民黨十大，是臺灣當局借鼓吹「反攻複國」、大大強化一黨專政的時期。王雲五本人有在臺灣擔任「考試院」副院長和「行政院」副院長的經歷，他在公開場合發表的言論，其政治傾向性是很明顯的。他原本一些有限的民主意識，往往屈從於官方意旨，或者說服從於國民黨的意旨，而很少體現出來。

1972 年和 1978 年，臺灣方面召開「國大」一屆五次和六次大會。其時，王雲五年老體衰，而且已脫離政壇多年，有時敢講幾句不合時宜的話，對徒具形式的「國民大會」不抱什麼奢望，偶爾出席幾次會議，無所重要表現。

奉命主持行政改革，提出改革建議案，涉及弊政方方面面。軍方缺乏合作誠意，蔣介石放棄改革初旨，採取拖延策略。前後折騰九年多，王雲五殫精竭慮，績效甚微，反而激發民間怨氣和譏評。

1954 年 8 月王雲五出任「考試院」副院長，1958 年 7 月轉任「行政院」副院長，至 1963 年 12 月辭去官職。在台 9 年為官任內，因為黨內外有別的關係，他沒有參與過國民黨中央決策事宜。從無黨派人士從政的角度看，王雲五當官為國民黨一黨專政作了些許粉飾，主要起了政治點綴品的作用。但他本人想在官場有所作為，曾竭盡全力投入一樁「公事」，即主持設計行政改革方案，並勉力推行之，雖然客觀效果不很顯著，卻是他從政生涯中值得一提的一段經歷。

1954 年 10 月，王雲五受聘為「革命實踐研究委員會科學管理專題研究組專題研究委員」。此後，他多次主持該組的座談會，先後與各行政機關長官幕僚、公營和私營企業負責人商討問題，聽取意見，

力圖提出可供當局採行的改革方案，以提高行政效率。該研究組的宗旨，王雲五在 1955 年主持第三次座談會時，講得很明白：

科學管理專題研究小組旨在研究黨、政、軍三方面密切聯繫，進而提高行政效率，使得彼此配合，以達到總統所號召的「科學方法，法制精神」的目的。近年來，政府在軍事方面，因有美國顧問團之協助整頓，確有相當進步。政治方面雖也有進步，但仍不夠理想。我們知道行政主要是在便民，但如許多機關公文旅行，費時甚久，有時往往石沉大海，不獨對便民說不過去，就反攻動員方面來說，更是談不上[28]。

經過半年多的調查考察，王雲五於 1955 年 7 月中旬，以「科學管理專題研究組」召集人的名義，向那時兼任「行政院」院長的「總統」蔣介石提出改進行政效率研究報告[29]，詳細彙報調研過程、目前存在的問題並建議參考美國胡佛研究委員會的經驗，實施行政改革。這份報告的最後部分寫道：

今日行政方面病況已深；救治不容再緩。如欲實現院長所指示「簡化辦事手續，實行分層負責，嚴格考核成績」各項，以達提高行政效率，配合黨政軍聯合作戰之目的，竊以為首應劃分機關相互間與機關上下級間之職權，進而檢討如何減少公文表報，簡化重複手續。⋯⋯為七年之病，求三年之艾，似宜略仿美國政府設立胡佛委員會之意，超然於五院之外，成立一行政效率調查委員會，期以一年時間，完成調查研究工作，製成建議，直接呈報總統，以供採擇施行。

28　《年譜初稿》，第 842 頁。
29　《年譜初稿》，第 857-862 頁。

王雲五的初步調研結果，引起蔣介石的重視。在蔣介石直接指示下，「行政院及所屬機關組織研討委員會」於 1957 年 1 月成立，以「政務委員」黃季陸為主任委員，委員 20 人，大多是「行政院」系統的高級官員。該委員會的職責是，對王雲五的報告及調查材料進行深一層研究，提出改革建議。又經過半年多時間，蔣介石再次把行政改革調研事宜轉交給王雲五負責。

同年 9 月 11 日，王雲五飛抵美國，身負兩重公務，一是出席 9 月 17 日開始的聯合國大會第十二屆常會，二是收集胡佛委員會資料，作臺灣行政改革參考。私事方面，則是與旅美親友聚會。赴美後，他住在兒子家中，與旅居美國的子女學哲、學武、學善、學藝、鶴儀及女婿、兒媳、孫兒們時常聚餐玩樂，享受天倫之樂。在美期間，他還與吳經熊、林語堂、孫科、陳立夫、胡適、張君勱、虞琪新、馬星野等聚談。對於公務，他注重于收集胡佛委員會的研究報告和改革建議，並分門別類進行研究、整理。對於聯合國會議，他採取消極態度，只是為應景所需而出席若干次會議，不發表意見。這與他喜歡議事論政的習慣大相違背，主要原因是臺灣在聯合國處境不佳，其代表團中即使有人發言，也不被大會所重視。10 月 31 日，王雲五致函「總統府」秘書長張群，囑託轉呈蔣介石[30]。這封公函敘及聯大的文字僅占十分之一，對臺灣在聯合國大會處境很為悲觀，其餘大多是關於胡佛委員會的內容：

胡佛委員會研究事……為弟所負較重要與可能有所貢獻之任務。因聯合國會議中，我國現所處地位只能採取守勢，難言進展。守勢重

30 王雲五:《訪美日記》。

在會外側面之疏通，常駐諸君與各使館同人實優為之。不僅弟無可協助，即負國際重望與久居美國之胡適之君，亦不易為力。故弟抵此以後，詳加考慮，決以三分之一時力研究及贊裏代表團工作，而三分之二時力從事于胡佛委員會之研究。

12 月 18 日，聯大會議結束，王雲五繼續搜集胡佛委員會研究資料。1958 年 1 月 13 日，王雲五返回臺灣。3 月 6 日，「總統府臨時行政改革委員會」成立，「考試院」副院長王雲五為主任委員，委員為「司法院」副院長謝冠生、「行政院政務委員」黃季陸、「美援運用委員會」主任委員嚴家淦、「臺灣省政府」主席周至柔、「銓敘部」部長雷法章、「國防部」副部長馬紀壯、國民黨副秘書長周宏濤、臺灣省農工企業公司董事長阮毅成，秘書主任由阮毅成兼任，先後聘定顧問浦薛鳳等 34 人，大多是高級官員和教授，研究專員 4 人，其他辦事人員 6 人[31]。該會分設行政、國防、財政、金融、經濟、文教、預算、總務、公營企業、司法、考銓、綜合等 11 個小組。該會的工作主要是：一、研究胡佛委員會報告以及效法美國進行改革的菲律賓有關情形；二、審議黃季陸主持期間產生的行政改革建議 47 件，以及其他有關行政改革的各種報告；三、研究政府各級機關工作，涉及組織、權責、制度、手續、經費及一般行政效率各個方面。但是這項關係臺灣全域的改革，卻把「立法院」和「監察院」的人員全都排除在「臨時行政改革委員會」之外。可見，蔣介石企圖用快刀斬亂麻的方式，強行快速改革。但這種做法，一開始就引起質疑。李先良撰文指出，該會不該排斥「立」、「監」兩機關人士，「此次行政改革委員

---

31 徐有守：《王雲五先生所主持的總統府臨時改革》，載王壽南主編：《我所認識的王雲五先生》，臺灣商務印書館 1975 年版。

會任務重大，範圍廣泛，縱只研議行政改革，但將來必有涉及立法修訂，因此希望有立、監兩機關人士參加，以充實研討，健全建議」[32]。其實，設置這一機構的本身，就是不合國民黨自己制定的有關「法規」的。按國民黨當局的所謂《總統府組織法》，「總統府」是不能設委員會的，因而在該委員會前冠以「臨時」兩字，並限期 6個月，以示非常設機構[33]。顯然，「總統府臨時行政改革委員會」本身便是違反國民黨現有規章制度的機構。然而，在蔣介石個人意志高於一切的時候，所謂的法統、法理、制度，統統都是虛設的，無不可以遷就、例外。

4 月 17 日，蔣介石聽了王雲五的工作彙報後，建議聘請美國顧問協助調研。經嚴家淦介紹，「美國駐華經合分署」預算顧問柯啟（Kirch）與王雲五交換過幾次意見。由於美國經驗與菲律賓仿美改革的實踐與臺灣情形不很符合，大多未被王雲五採納。9 月，「總統府臨時行政改革委員會」共提出 88 項審議案與提議案。所謂審議案，即審議「行政院」先前已經提出的建議與考察報告，共歸為 24 案；提議案則由臨改會所提。據王雲五在《行政效率與行政改革》一文中所述，各案可分為以下幾個方面：

一、提出「中央行政機關之本身——行政院與各部會、中央與省，省與縣市之組織、權責關係等，均有待調整」，以解決機關組織不合理、權責不清、相互之間不協調等問題。

二、提高行政效率，首先應實施分層負責制，處理行政業務的手

32　李先良:《我對行政改革委員會的看法與希望》，載臺灣《中國地方自治》半月刊第 11 卷第 1 期。
33　阮毅成:《王雲五先生與中國行政改革》，載王壽南主編:《我所認識的王雲五先生》。

續要簡化。建議「行政院」與各部、會、局改分散辦公為集中辦公。

三、建議建立事務管理制度。「行政院」設事務局,各部會總務司一律改為事務室,以便統一管理辦公用品、辦公用房、公務車輛、實物配給、重要法案等;合併報表形式,使之標準化。

四、改善省、縣、市政府與相應各級議會之關係,改進地方選舉,修訂臺灣省地方議事法規,修改「行政院」對臨時省議會決議案的核定辦法。

五、提出防止貪污、改善軍公教人員待遇等案,一方面嚴懲貪污行為,一方面明訂規章,使軍公教人員「祿足養廉,升遷有序」。

以上 5 條適用于一般行政工作。各部門則另有專案,其要旨如下:

一、財政。提出改革租稅及改進稅務行政等案,大力解決稅捐滯納積弊;運用「美援」與地方款項,改善貧困地區狀況。

二、金融。務必加強金融信用,「建議政府決定將中央銀行及其他行局複業,期在整個金融機構組織方面作全面之調整」。

三、經濟。建議公營事業確立企業化管理方式,劃清監督與經營的職權,「關於一般行政機關實施之事前審計,稽查條例規定採購或營造之招標訂約手續等,均不予適用於公營企業,俾能爭取時間,得以機動營運」。

四、預算。建議漸次推行績效預算。由於臺灣沒有績效預算經

驗，建議延聘外國專家協助改革。

五、文教。修訂課程內容，各校有權自行選用部編或各書局編印之教科書；中等以上學校的學生縮減軍訓及服役期限；中等及大專院校的聯合招生應縮小範圍，「不宜照現制統一辦理」；改善條件，吸引留學人員返台工作。

六、考銓。建議重新確立政府機關編制員額，取消額外及臨時人員，「提拔真才」。

七、法治。針對行政干預司法獨立的現狀，建議「將現役之高等法院以下各級法院改隸司法院，檢察官則仍為司法官，但不改變現行由司法行政部監督配置於各級法院之制度，俾可體用兼顧」。

八、防務。節省開支，移緩就急；軍工生產與民用工業應相互配合，調劑盈虛，「在平時，軍營工業之剩餘生產力可以兼供生產民需品之用；在戰時，與國防有關之公民營工業因有計劃的逐步發展，可供軍需品之生產」[34]。

在王雲五主持下，臨改會在半年內提出 88 項提案，每一提案均有較具體的建議辦法，工作效率不可謂不高。但不免有粗糙疏漏之處，主要是由於「國防部」不願合作，使有關資料「全付闕如」，而省、市的資料也很難收集，以至王雲五慨歎道：「如期完成八十八案之建議，在數量上不可謂少；但其中或以資料不足，難免使人譏其掛漏不全，或以問題之大小懸殊，難免使人疑其鎦銖不稱；或以僅提供

34　《行政效率與行政改革》，見《自述》，第 829-836 頁。

原則上之建議，未能詳舉實施辦法。」由於軍費開支極其龐大，而黨外人士王雲五支持的改革調研工作又無資格涉及軍事機密，使整體改革方案漏洞很大，也無法全面推行。9月1日，王雲五在「總統府臨時行政改革委員會第三次建議案」中抱怨道：

國防方面因內容多保守秘密，提供之資料多屬間接，複以範圍過廣，本會限期過促，雖勉成建議數事，殊覺未能作更多之貢獻。竊以國防費占國家預算不下百分之八十，能節約開支固大有助於國家財政，即原預算毫不變動，如能注重優先，移緩就急，亦定有補於國防。本會對此任務未能如願達成，殊感惶愧。

對此，王雲五與臨改會只能徒歎無奈。88 項改革建議案，涉及到官場腐敗、軍費浩繁、金融混亂、人權受壓等敏感問題，因此各項改革建議案在當時不許見報。輿論界對此很為不滿，或旁敲側擊予以譏評，或要求當局尊重民意。1958 年 8 月 11 日臺北《大華日報》以《何機密之有》為題，發出疑問。1958 年 6 月 10 日臺北《民族晚報》發表題為《公佈行政改革建議案》，要求將有關改革的辦事程式和具體設施公諸於眾。即使有些言論支持行政改革，但對改革要取得實效，仍感到希望渺茫。《自立晚報》以《行政改革委員會的成就》為題發表社論，把該委員會所取得的「成就」比喻為「只繪藍圖，不包工程」，對行政改革能否付諸實施，表示擔憂：

由該會所提方案如此之多，涉及範圍如此之廣，殆如醫生看病，已致百藥並進之境地，不難窺見我們行政上的毛病，不一而足，倘不盡速調治，後患實不堪設想。……行政改革委員會對於巨廈之翻修，

只繪藍圖，不包工程，對於病人之醫治，只開處方，不司藥劑，關於其所提出的建議案，能否實施，無法負責。但我們除籲請政府當局對其建議案迅予採擇施行外，仍盼望該會主持人王雲五暨其他專家們，既能發掘問題，而又提出解決問題之辦法，當須繼續努力，以促改革方案確能見諸實踐[35]。

輿論界對「王雲五暨其他專家們」的盼望，實際上是間接向國民黨最高當局請願，要求全面、切實地革除臺灣弊政。為了維持統治，蔣介石也需要革除行政效率不高等一般性的弊政，但需要保持軍費龐大、壓制人權等特殊性的弊政。1958 年 7 月，「副總統」陳誠兼任「行政院」院長，「考試院」副院長王雲五調任「行政院」副院長。這一人事調動舉措的重要意義之一，便是要把行政改革納入蔣介石預定的軌道。到 1958 年 10 月，「臨政會」編印成《漢譯胡佛委員會報告綱要》及《行政改革言論集》40 萬字，該會改革案總報告 80 萬字。總報告中包括 88 案全文。蔣介石於 12 月 10 日以代電致陳誠，對各案如何分別處理作出指示：

除「調整行政院及其各部會組織職掌案」，「憲法第一〇八條研究報告案」，「事務管理改進案」等三案已先發交該院研辦，及「統一三軍階級及現行薪給案」應暫從緩議，「建立高於高等考試之考試制度案」及「改進公務人員考績制度案」已交考試院外，其餘八十二案，茲核定如次：（一）應予優先籌畫實施者三十二案，已逐案分別批示，如附表，即希遵照辦理。（二）其餘次要者五十案，統交該院分案酌核辦理。（三）交院採行之案，應對每案採取之日期及實施辦

35 臺灣《自立晚報》1958 年 9 月 10 日。

法，分別研究決定，並定限期呈報。（四）次要各案中有純屬省政府辦理者，應由院轉飭臺灣省政府切實研究，分別擬具實施日期或如何分期實施之辦法呈報。（五）前已先交該院研辦之「調整行政院及其各部會組織職掌」等三案辦理情形如何，希先行具報為要[36]。

蔣介石僅同意將 5 項建議案分別交「行政院」、「考試院」研辦，1 項有關軍隊建制和薪給的建議案「緩議」，另外 82 項建議案尚鬚髮還再「籌畫」，再「研究」，其實是搞拖延戰術——88 項改革建議案遠遠超出了他的改革設想，全面改革是他所無法接受的，宣佈中止改革將引發眾多矛盾，於是只能採用「拖為上計」了。但是假戲得真做，陳誠沒有這份涵養功夫，又不屑於此道。這份苦差使便責無旁貸地由王雲五擔當下來。王雲五當時對改革還是有點信心的。由於「行政院」沒有專門機構主持改革建議案落實事宜，王雲五於 1959 年 1 月 5 日擬定「行政院改革建議案研議小組辦事簡則」十條，規定「以副院長為召集人，不管部政務委員五人及秘書長、主計長為參加人，副秘書長兼任小組秘書長」，其具體任務為「研議總統發交行政院處理各建議案，擬定具體辦法，與實施日期」。」「行政院」院長陳誠對「辦事簡則」表示同意。有了「總統」的「御批」、「院長」的認可，王雲五躊躇滿志，對輿論界發表了「十二字真言」，即改革是「有計劃，有標準，少消耗，多效能」的[37]。

然而，官場積習已深，改革阻力重重，假戲真做仍然很累。又經過半年忙碌，王雲五於 7 月 12 日應召赴「總統府」，以「總統府臨

36　《自述》，第 837 頁。
37　臺灣《自由談》第 10 卷第 1 期。

時行政改革委員會建議各案執行情形簡述」為題，作 40 分鐘彙報：
「奉交優先採擇施行之三十七案」，除已交由考試院處理之兩案外，
「完成處理常式者只有十八案，僅占二分之一強」。王雲五在彙報中
要了一個小花招，將早已交付「考試院」、「行政院」辦理的 5 案歸
入另外 32 案，統稱「三十七案」，以表明他處理優先實施案已經過
半。實際上，半年多來，「研究小組」僅對 15 個建議案提出處理意
見，不到應完成工作量的一半。王雲五提出再延長半年，於年內結束
這項工作。聽了王雲五的彙報後，蔣介石並不很介意，只是說了幾句
冠冕堂皇的官話：「王副院長頃所報告，均甚切實。期望于本年內完
成各案處理之任務，並盼望明年以後行政院仍應有一個負責小組，督
促各機關對於改革會各建議案之切實施行。」儘管蔣介石在表面上屢
屢嘉勉王雲五主持的改革案，實際上早已打消了全面改革的初旨，假
戲也不能任其緊鑼密鼓地真做下去了。於是，拖了漫長的 3 年多時
間，「行政院」才設置」行政改革建議案檢討小組」，仍以王雲五為
召集人，「政務委員」、原「改革會委員」及機關首長共 10 余人為委
員，另聘專家學者 20 余人為顧問，于 1962 年 11 月開始恢復改革工
作，主要是「檢討」各有關建議案實施情況，並提供改進意見。該
「檢討小組」工作了將近一年，於 1963 年 10 月結束。據該組統計，
全部實施者僅 15 案，實施大部分改革建議者 31 案，採行半數內容者
8 案，少部分實施者 12 案，「實施有期」者 9 案，未實施者 13 案。
前後歷時 9 年的所謂行政改革至此無疾而終。建議案真正得以實施者
為數甚少，而且對重要部門的觸動不大。在「檢討小組」工作結束
後，王雲五向「總統府」提出 4 點個人看法：改革阻力出於本位主
義；凡涉及機關裁併與人員精簡的改革，阻力最強；有些改革案，表

面上已經實施，但不切實；行政體系的改革，未能上下貫通一氣。王雲五至此好像還沒有明白，他辛辛苦苦為改革弊政籌謀劃策，到頭來仍在當局劃定的圈子裡翻筋斗。

在「考試院」裝點門面，發表改革清議。調任「行政院」，上下左右皆受牽制。年度預算屢受美國干涉，陳誠發怒連告病假，王雲五淒然萌辭意。

在臺灣時期，王雲五擔任過的正式官職是「考試院」副院長和「行政院」副院長。「考試院」副院長的任職始於 1954 年 9 月 1 日，院長由莫德惠擔任。莫、王兩人都是無黨派人士，是國民黨臺灣政壇上兩個不可多得的稀世珍寶，被同時安放在「考試院」，起裝點門面的作用。據孫中山中西結合政治體制的構想，國民黨政府應實行五院制。「立法院」、「行政院」、「司法院」有似於西方國家的國會、內閣、高等法院，屬於「洋為中用」的產物，但又有所不同。「行政院」統轄政府各部會，權力很大，蔣介石作為「總統」可以直接指揮「行政院」，而且連選連任，不受限制，並且不允許臺灣其他黨派對他的個人獨裁體制形成挑戰。國民黨政府的立法、司法兩權其實不獨立，無法對行政權起制衡作用。所以，蔣介石對西式政治模式的態度是，形式可以部分借用，獨裁實質不可割棄。至於「考試院」和「監察院」，則是採擇中國傳統政制中的考試、監察制度而形成的。在個人獨裁和國民黨一黨專政的所謂「戡亂時期」，「監察院」無權稽核施政方針，也不能審查各級黨部與黨員違紀情形，其職權主要限於彈劾與審計兩項。「考試院」的職權是分管考試與銓敘，即人才的選拔，但職權也不充分。「考試院」正、副院長的職權，誠如徐矛所述：「院

長職權為綜理全院事務及提名考選委員會委員長、委員、銓敘部部長、次長請求任命。副院長除了在院長因故不能執行職務時進行代理之外，無別樣職權。[38]」

　　作為「考試院」副院長，王雲五平時沒有專管的事項，只是在1955年3月至7月院長莫德惠病假期間，代理過院務，主持過考試改革，略微有些作為。例如，原先臺灣地區高級職校及專科以上學校畢業生就業考試成績占25%，在校成績占50%，軍訓占25%。經過王雲五主持的改革，不計在校成績，就業考試成績占60%，軍訓占40%，其效果體現在強化了統一標準。1955年，王雲五擔任「典試委員長」，主持高普考和各類特種方法考試。其中較有特色的是主持機關公務人員首次銓定資格考試，分4個等級進行考試，但整個臺灣地區僅有83人應試，其中55人合格。在「考試院」副院長任內，王雲五還參與過「改組職位分類委員會」工作，但職權有限，沒有明顯業績。他提出過不少建議，如建議多辦夜校，大、中學校招生不必限於正規學歷，建議設立博士學位，建議改革考選人材方法等，並對當時考選人材的方法提出許多批評及改革設想，但被直接採納者極少，這與國民黨當局不願銳意改革，及官僚機構固守成法是有很大關係的。對於官場積習，王雲五很看不慣，但又沒有能力去改變陳規陋矩和腐敗習氣，加上「考試院」副院長又是極清閒的職位，在全力投入有關行政改革調研事項之前，他有許多閒置時間，時常發表各類文章。由於擔任政府官職的關係，1955年1月起，他不再用真名或已為外界熟知的筆名發表文章，另用化名，用得較多的是「龍一江」。

38　徐矛：《中華民國政治制度史》，上海人民出版社1992年版，第263頁。

有些文章，反映出他對官場腐敗風氣的不滿。茲摘錄一段文字，可見其心態之一斑：

> 一千六、七百年以來，官的名稱充滿了階級的氣味。到了清末，在官尊民卑的觀念下，一般人民對於官吏輒按其階級，分別尊稱為「大老爺」、「大人」、「中堂」等，……現今的人儘管譏笑前清的意識稱謂，然而政界中仍流行著「院座」、「部座」、「次座」甚至還有「秘座」等的怪稱，聽起來怪肉麻。為什麼大家都有正式的官名，而官名中如院長、部長、次長、司長、科長及其他種種都已寓有階級的意義，彼此互以官名相稱，也足夠區別了；又何必畫蛇添足，平添一個「座」字以為敬稱呢[39]？

他認為必須改變官老爺意識和「牧民」意識，要改變官場習氣，便要大力進行改革，如果改革獲得完美成功，有望達到理想境地，「到了那時，官位都變為職位，官等亦可打破。服公務者之自視與人民對於服公務者的觀念將大有改變。做官只是為人民服務；民主與公僕的風氣將因而逐漸濃厚，其有助於民主制度之推進，自不待言」[40]。王雲五雖有一些民主意識，但通常停留在理論認識階段，以西方資產階級上升時期的政治理論為思想來源，對官場習氣和封建殘餘觀念，只是泛泛地議論、批評一番。他雖然有改革弊政的願望，但都是對下不對上的。他本人頭腦裡的忠君觀念是根深蒂固的，反映在其從政實踐上，他往往支持國民黨一黨專政，對蔣介石不乏吹捧之辭。這樣的從政態度和改革願望是很受蔣介石賞識的。因而，從

39　《自述》，第 678 頁。
40　《自述》，第 679 頁。

1955 年起，蔣介石便開始起用他兼搞行政改革方案，到 1958 年 7 月，將他調任「行政院」副院長，負責推行行政改革事宜。

但是，真正的改革還沒有開始，他便受到了「立法委員」們的警告。據他自述，就新職第二天下午便舉行茶話會，聽取「立法委員」的意見，「其中有段委員劍岷，在發言中有希望王副院長不要好高騖遠一語，揣其意殆指余前任財政部時所執行的幣制改革。此事之成敗，餘不欲置辯，然無論如何段氏總是盼望政府遇事審慎」[41]。名義上，王雲五主持改革，實際上，他的職權是很有限的。例如，王雲五起草的「統一財經決策機構並與行政業務劃分案」獲得通過。該案規定，「行政院財經委員會主任委員由行政院副院長兼任」，委員為「經濟」、「財政」、「交通」、「國防」、「外交」五部長，「中央銀行」總裁，「行政院」主計長，若干名專家和不管部會的政務委員。「財經會」的職能是代表「行政院」從事財經決策，審議財政預算、經濟發展、外匯金融、美援運用等事項。從「財經會」的成員組成和職能看，作為主任委員的王雲五理應有相當大的權力，但實際情況並不如此。王雲五認為，「美援運用委員會」、「外匯貿易審議委員會」、「經濟安定委員會」三個機構的人數達 640 餘人，而且待遇高出同級公務員 5 倍半以上，決心改變這種高薪養冗員的積弊，提出這三個機構合併為一，只需 150 名工作人員。這一提議獲「財經會」通過後，「行政院」院長陳誠不同意裁撤「美援會」。改革財經機構的第一炮便沒打響。在若干無關緊要的問題上，王雲五的意見被部分採納。例如，他認為，政府部門對工礦企業的管制範圍過寬，應有所限制，以使企

41　《自述》，第 856-857 頁。

業有一定的自主權；軍事徵用法規應限制在金門及周圍地區，不必廣泛運用於臺灣地區；禁止民間建築的地區要縮小，以利民生和工商業的發展；服兵役年齡從 20 歲起改為 19 歲起，以緩解兵源不足的矛盾；預備軍官訓練期由 18 個月改為 1 年零 2 個月。他的這些提議，先後被採納。但是，在預算問題上，王雲五就顯然無能為力。那時臺灣財政預算的 80% 用於軍費，而且時常有軍費追加案，軍費過巨，非但使財政收支無法平衡，而且使許多改革案根本無法推行。1958年 9 月，「行政院」成立預算小組，王雲五為召集人，小組成員為「財政部」部長、「臺灣省財政廳」廳長、「行政院」秘書長和主計長，以及不管部會的政務委員。該小組時常審議各種預算追加案，「其中追加案件其數量較多與數額最巨者，大都屬於國防方面。[42]」討論軍費追加案時，凡是主計處已簽注意見的，大抵很快通過。軍費壓倒一切，財政預算自然就無法把握。王雲五對此無可奈何，時常採取聽之任之的態度。但陳誠對此頗為惱怒，以致發展到不想再做「行政院」院長的地步。

1960 年 2 月 25 日的「行政院」院務會議上，陳誠對「國防部」申請大量水泥的一份報告很不滿意，認為「國防部」一再追加軍費，這次提出增撥水泥的數量又大大超出實際需要，「行政院」預算小組卻照批不誤，再拿到院務會議上通知一下，還要他這個院長幹什麼！其時，臺灣一屆三次「國大」正在召開，新一輪「總統」選舉正在醞釀之中，因此陳誠在院務會議上怒氣衝衝地說：「政院在新一輪總統就職後，必須立即改組。政院如此局面，目前也捱不下去了。本人決

42　《自述》，第 878 頁。

計提前辭職，想必在坐各位未必戀棧。」眾人面面相覷，噤若寒蟬，唯獨王雲五起立發言：「本人向來不戀棧，但今日從大局出發，倒主張戀棧。」此言一出，余井塘等人附和之。陳誠壓下火氣，勉強一笑，表示暫時不提出辭職。陳誠發脾氣，直接原因是受了追加軍費案的刺激，深層原因是「總統」在上發號施令，「國防部」恃寵驕橫，「行政院」副院長處理院務又時常先斬後奏，他上下左右都受牽制，平時做一天和尚撞一天鐘，得過且過，心中則勉強隱退，不以為然。陳誠在家裡掛起「忍」字條幅，作為座右銘，可見他有時遇事退讓，並不是為官糊塗，其實是不甘心做有職無權的高官。國民黨政府實行五院制，每院設正、副院長各一名，院務權力通常掌握在正職手中，副職只是協助辦事。王雲五於 1947 年在南京任行政院副院長，1954 年至 1958 年在臺灣任」考試院」副院長，因為系副職，平時「均不處理公文」。但他從 1958 年 7 月調任「行政院」副院長，負有為「總統」實施行政改革方案的重任，權力旁涉「行政院」所屬各部委。所以，陳誠同他合作之始，便藉口「平時不願多看公文」，把許多原應由院長審核的公文交給王雲五處理。王雲五辦事向來較為認真，事無巨細均一一過問、把關，使陳誠產生大權旁落的感覺，不免湧動怨憤之情——一個身經百戰、功績顯赫的重臣，居然受制於一個靠耍嘴皮子、玩筆桿子的政治「暴發戶」，他怎能咽得下這口氣。陳誠就「國防部」增撥水泥案發火之後，拒絕去「立法院」面受質詢。此後，凡遇疑難問題，或要他說明與其本意相違的議案，陳誠時常藉故不出席「立法院」會議，讓王雲五去「立法院」和稀泥。在陳誠鬧脾氣的第二天，王雲五代替他出席「立法院」會議；面對「立法委員」們關於軍費過巨的質詢，王雲五只能講些冠冕堂皇的理由，再欷歔苦經，求

取質詢者的諒解[43]。其實，王雲五本人一直認為臺灣軍費開支過巨，多次建議蔣介石裁減軍費，但他代表「行政院」接受「立法委員」質詢，又只能違心地為軍方辯解。他對陳誠推卸責任，屢屢讓他出面做難人，也有微詞。

公教人員加薪問題上一波三折，使陳誠再度萌發辭職之念，王雲五也憤慨萬狀。加薪問題上的風波，起因于美方的粗暴干涉，使這兩位「行政院」正、副院長產生受人辱弄的不平感。由於公教各部門加薪呼聲日高，「行政院」於1960年初決定調高公教人員待遇，並將此案提交「立法院」審議。不料美方認為不妥，以「行政院」挪用「美援」為名，屢屢向陳誠施加壓力。4月14日的「行政院」院務會議上，陳誠談及此事時說，美方責備臺灣當局1961年度的預算「收支差額過巨，且絕大部分用於養人費，而非生產建設，恐因此不能獲美國同情，經援及加速投資均不免受影響」。陳誠最後表示，既然是「友邦善意勸告」，他只能答應美方人士，酌情核減公教人員薪金。王雲五對美方橫蠻行徑極其反感，他追述道：「余聞此語，憤慨萬狀，以此次調整待遇，經長期研究，已嫌限於財力，不克多所增進，不料案經提出立院，複予核減，難免發生重大誤會，尤以消息傳播，使公教人員獲悉主動出自美方，反美情緒難免高漲，實非兩國之福。惟事已至此，只好忍痛保密，惟對外如何措辭，煞費苦心。[44]」在美方壓力下，「行政院」被迫另行擬定一份修正案，核減原案的加薪數量。陳誠再次「摜紗帽」，不願親自向「立法院」解釋其中原因。此後兩個月，王雲五多次去「立法院」說明情況，竭力為修正案辯解。

43　《自述》，第910-911頁。
44　《自述》，第916頁。

但眾多「立法委員」堅持公教人員薪金撥給 4.6 億元的原案，反對 2.8 億元的修正案。不少「立法委員」嚴詞質問王雲五：「行政院」決策的依據是民意，還是美方意志？為何美國人一開口，已經通過的議案就作廢了？王雲五理虧嘴軟，招架不住。「立法院」於 6 月 14 日晚間作出決議，恢復「行政院」所提原案，否決「行政院」所作修正案。6 月 15 日「行政院」商議對策。陳誠認為，「立法院」既然否決了「行政院」的預算修正案，「行政院」應該提出總辭職。王雲五則傾向於接受「立法院」決議，其理由是：雖然「立法院」通過原案、駁回「行政院」修正案之舉，有損于「行政院」的威望，但通過原案可緩解公教人員的不滿情緒，而且「行政院」尊重「立法院」的決議，這是合乎民主政治精神的，因而「友邦」也能理解。在陳、王兩種意見之間，還有一條「緩兵之計」可供採納，即提請「立法院」覆議，但「立法委員」對於加薪原案意見一致，覆議不過拖延些時日，不可能改變結果。6 月 16 日，「行政院」院務會議繼續討論此案，「外交部」部長沈昌煥力勸陳誠接受「立法院」決議，並告以美方對「立法院」的態度也「表示關切」。由於美方意識到若堅持要臺灣當局接受其核減公教人員薪金的「建議」，勢必引發一場反美風暴，於是轉變態度，反而通過沈昌煥來規勸陳誠與「立法院」妥協。陳誠被迫再次跟著美方意見轉變，於 6 月 30 日代表「行政院」表示，「完全接受立法院一律增加六成之決議」。陳誠忍氣吞聲地跟著美方轉，根本原因是臺灣要保持偏安局面，離不開美國在各方面的支撐。

1962 年 3 月 26 日，王雲五被聘為「行政院經濟動員計畫委員會」主任委員。該會的職能為預算計畫的研討，會中分設 6 組，對工

業、物資、交通、人力、法制等分別進行研究，其目的是為所謂的「反攻大陸」作準備。「反攻大陸」是五、六十年代臺灣政壇的口頭禪。其實，臺灣政界、軍方許多人物心裡都很明白，「反攻大陸」是根本不可能實現的，尤其在 1958 年金門受到中國人民解放軍猛烈炮擊後，國民黨當局自知實力不濟，在軍事上由主動出擊和騷擾大陸沿海地區，轉變為力保金門，求取臺灣偏安。「反攻大陸」高調雖然還是唱，針對大陸的破壞活動雖然還是不斷地在做，但內在的底氣早已不足，其真正的目的是延長「戡亂動員」時期，以此作為藉口，在島內強化專制統治，保住臺灣偏安局面。身為臺灣政壇的高級官員，王雲五對於「兩個中國」、「一中一台」的論調是堅決反對的，他信守兩岸統一、一個中國的基本原則，儘管他出於傳統的「正統」觀念，以及他自己的政治立場，有時也說念幾句「反攻大陸」的歪經，但他很瞭解臺灣的經濟和軍事都很脆弱，根本不可能發動大規模的「反攻」。60 年代前半期，臺灣「立法院」一些不識時務的人喧鬧不休，要求臺灣當局馬上「反攻大陸」。「行政院」院長陳誠不勝其煩，常托故避免去「立法院」面受質詢。王雲五以「行政院」副院長的身份去代行這份苦差使。他多次對那些「立法委員」說，「我方實力長一分，中共實力也在增長」，力勸那些「立法委員」面對現實，「從長計議」。所謂「從長計議」，也就是正視現實，不要再去作不切實際的夢想。隨著臺灣在國際事務中日趨孤立，國民黨當局仰美國鼻息行事的屈辱狀態，在在使他灰心喪氣。如此受窩囊氣的官，再當下去也實在沒有味道了。

自撰年譜，留下珍貴史料。七十六歲走下政壇，無官無責一身

輕。因沈志明案與雷震案連連碰壁，決意退出是非之地。

　　陳誠消極避讓，無意過問「行政院」事務，這正是王雲五擔當重任的極好機會。但是，王雲五對為官生涯也產生倦意，去意彷徨，又脫不了身。對於公務，他不再全力以赴，於是萌發了自撰年譜的念頭。王雲五寫作的特點之一是，敘述評論不厭其詳，大量引用檔、信函及報告速記等檔案資料。他一旦決定寫自撰年譜，勢必投入大量精力收集整理各類資料，只能把公務放到次要的地位了。1963 年 1 月 27 日，正當陳誠消極到極點，院務需要王雲五全面代理之際，他卻決定分出精力去搞他的自撰年譜了：

　　今日星期多暇，整理生平任事檔，突然發生自撰年譜之意。本來我因中年以前尚無寫日記之習慣，抗戰前數年開始寫日記，迄太平洋戰事發生已有九年之詳盡日記存在香港，戰事起香港為日人佔據，親友畏禍，一舉將我所存日記，盡焚之。此中具有許多讀書治事心得，心血蕩然，使我灰心，遂不複寫。來台後數年，始恢復，然系利用日記冊，語焉不詳。前數年，僅就生平經歷，而手邊存有資料者，按記事本末體寫作，對於年譜或傳記，殊無嘗試之習氣。今日忽然動念，當熟思之[45]。

　　第二天，他便下決心將各種資料歸類，開始自撰年譜。他以極快的速度撰寫年譜，日均 5000 字以上，他要趕在衰老之前，為自己樹碑立傳，為他經歷過的歷史事件留下記載。10 月下旬，王雲五接受記者劉壽椿的採訪時，談了年譜寫作動機和寫作進行狀況。劉壽椿在

45　《自撰年譜》，見《年譜初稿》，第 1282 頁。

採訪報導中作了如下描述：

今年二月開始，他的自撰年譜已寫完了一百多萬字。他的行文快暢，思想敏捷，在每天清晨的三個小時中，可以寫萬字以上的稿。他表示，這部自撰年譜敝帚自珍，將不準備出版。他說：人生百年，終歸不免「寂滅」，當其死後，由人家來送挽聯祭悼，胡亂歌功頌德一番，或由後人豎立一塊墓誌銘，以狀其貌，以述其不朽，倒不如垂老之年，由自己動手，把一生的行狀真實的記述起來，算一算這筆總帳，則較有意義得多[46]。

王雲五於 1963 年 2 月開始寫的自撰年譜，自取其名為《岫廬自撰年譜稿》，行文較為隨意，未曾出版。他後來撰寫並出版的《岫廬八十自述》中，大量採用了《岫廬自撰年譜稿》中的文字。他的學生王壽南編寫的《王雲五先生年譜初稿》中，摘錄了許多《岫廬八十自述》和《岫廬自撰年譜稿》的文字。王雲五自撰年譜，為後人研究他本人，以及商務印書館歷史和臺灣社會政治保存了大量珍貴文獻。其作用與貢獻，是他的「政績」所無法比擬的。自撰年譜需要投入大量精力和時間，而且寫作過程本身使他恢復了對自由生活的嚮往，於是他下定決心辭去官職，遂於 1963 年 6 月 24 日致書陳誠，力請辭去「行政院」副院長之職：

數年以來，雲五雖矢志贊襄，愧鮮建樹，今已行年七六，讓賢讓壯，萬難再緩。近兩月間，對兼任各事，已早為部署，陸續交代，……年度及追加預算雖稍為公分勞，實已開罪朋僚不少；現幸漸

46　臺灣《征信新聞》1963 年 10 月 24 日。

上軌道，主計與財部在公領導之下均優為之。故一旦去職，耿耿於懷者惟經濟動員計畫會之任，……不敢言辭。雲五生性落落，從政非其所宜；卸職以後，雖仍須自食其力，甚或更形勞苦；然而講學寫作，習慣早成自然，且均出於自發，雖勞猶樂[47]。

據他自述，在「行政院」5年中，多次萌生過辭職念頭，早在1960年春夏之交，即調整公教人員待遇已列入年度預算，「但因美方徑向兼院長表示反對，兼院長不得已勉允酌減」，「我真是悲憤滿胸，除在院會即席發言表示憤慨外，返家後亟思提出辭職書」，只是為顧全大局才未提交辭呈，「其後去志仍未消除，然因陳院長健康漸弱，迭經請假，均由我依法代理，自計責無旁貸，不忍言辭」[48]。即使在矛盾不很尖銳，心態尚屬平衡時，王雲五自稱，對」行政院」副院長的官職也抱著「莫戀官」的心態。1960年11月8日，他仿白居易的《逍遙吟》，作《隨遇吟》：

> 亦莫戀此官，亦莫厭此官。
> 此官何足戀，無力挽狂瀾。
> 此官何足厭，自信非素餐。
> 無戀亦無厭，且隨所遇安[49]。

像王雲五那樣性格、脾氣的人，雖說不「戀官」，屢次提辭呈，但只要上峰不照準，他照樣不「素餐」地幹下去。他在政壇上的諸多敗筆，若除開政治立場和觀點的因素不談，與他處事認真亦不無關

47　《自述》，第982頁。
48　《自述》，第982頁。
49　《岫廬紀事詩存附詩餘》，第14頁。

係。這一點他似乎一直不接受「教訓」，就在他提交辭職書後不久，7 月 8 日為「臺灣省行政會議」致辭時，仍然發表「多做不錯」的妙論，批評官場萎靡風氣：

> 我國政界中多年流行著一段話，等於口頭禪，那就是：「多做多錯，少做少錯，不做不錯。」這種消極的精神，釀成政治上和行政上的萎靡風氣，亟宜有所糾正。若干年前，我在某一集會中，主張修正如左：「多做不錯，少做小錯，不做大錯。[50]」

王雲五自己以 76 歲高齡仍辭而不退，倒不是為了「大做不錯」的緣故。在他提交辭職書後的第三天，即 1963 年 6 月 26 日，陳誠正式向蔣介石提出辭去「行政院」院長之職。陳誠為了自己能順利辭去此職，將王雲五的辭職書扣下。蔣介石挽留陳誠，同時再給他一個月假期，命王雲五代理院長職務。欲罷不能，使王雲五感到很苦惱。10 月 23 日清晨他擬就第二份辭職書，並作詩三首自勵，以增強辭職的決心。其中一首詩為：「有子有孫萬事足，無官無責一身輕。獨嫌文債還不盡，處身今後有書城。」這次的辭職書寫得十分決絕：「擬自明日起，暫先請假，不到院辦公，俟明令照準，立即辦理交代。[51]」11 月 5 日，蔣介石接到陳誠轉呈的王雲五辭職書，在上面批了「應予挽留」4 個字。11 月 8 日，蔣介石召見王雲五，對他美言褒揚，並告以原擬提名他為「考試院」院長的，因為「行政院」的工作更重要，只能讓他屈就「行政院」副職，協助陳誠，並希望他能繼續留任。王雲五仍婉轉表示無意再當官。蔣介石詢以同陳誠合作有無不愉

50　《自述》，第 986 頁。
51　《自述》，第 1000—1001 頁。

快，如兩人工作中有誤會，不難消除。王雲五矢口否認。此後半個多月，記者和親友紛紛赴王雲五寓所，詢問是否打消辭意。王雲五不勝其擾，索性作七言四句，懸掛壁上，以明心志：「良朋滿座終須散，笙歌永晝夜難連。此時掛冠恰到好，再留不值半文錢。[52]」12 月 2 日，「總統府」秘書長張群打電話給王雲五，告以因陳誠堅辭院長，蔣介石遂同意王雲五辭去副院長，其理由是任何他人組閣，在資望上皆不便屈王雲五為副，又因為王雲五不是國民黨員，不便讓他當「行政院長」來組閣，只能允其辭職[53]。兩天后，臺灣報紙便透露消息，「甫辭去行政院副院長職務的王雲五，已被聘為總統府資政」[54]。所謂「總統府資政」，只是一個虛職，在蔣介石認為需要時，提供些政見方面的建議。王雲五原本想保留的「經濟動員計畫委員會」主任委員一職，隨副院長職一併免去，12 月 16 日完成一切公務交接事宜。12 月 28 日，他寫成 1 萬多字的《掛冠記》，交《自由談》主編，囑以數月後再發表。這是一篇詳述辭職過程和對為官生涯發表感想的文章，後來收入《談往事》，稍經修改後又收入《岫廬八十自述》。

王雲五在晚年厭倦政治生涯，原因甚為複雜，在《掛冠記》中談到了許多。但其中還有一層甚為重要的原因沒有談，那就是他因「自由人」和雷震案的牽連，身在官場只能委曲求全，其痛苦是可想而知的。50 年代中期，在台「自由人」活動受臺灣當局禁止，作為自由人社社長的王雲五只能逆來順受，宣佈在台「自由人」不再以「自由人」名義活動。1958 年 4 月，胡適到臺灣，出任「中央研究院」院

52　王雲五：《掛冠記》，載《談往事》。
53　《自述》，第 1005 頁。
54　臺灣《大華晚報》1963 年 12 月 4 日。

長。1959 年 3 月 11 日，胡適致函陳誠和王雲五，對「警備司令部」逮捕啟明書局董事沈志明及其妻子應文嬋一事表示抗議，認為沒有正當理由不能胡亂抓人。3 月 14 日，胡適再次寫信給王雲五，表示願保釋沈志明夫婦，並轉達美國麻省理工學院教授黃克孫及旅美著名物理學家李政道、吳健雄、吳大猷、楊振寧等知名人士對沈志明夫婦被控案很為關切，希望臺灣當局從長計議。王雲五經過一番活動，打通官場關節後，於 3 月 16 日打電話給胡適，告以沈志明夫婦可以交保了。沈志明夫婦被捕案引起海內外人士廣泛關注，事後臺灣當局最高層人物紛紛推脫干係。據胡頌平編寫的《胡適之先生年譜長編初稿》所述：

下午，先生（胡適）對胡頌平說：「剛才接到王老師（王雲五）的電話，說沈志明的事情，不但副總統知道，總統也知道了。外交部有一個報告給總統，大概是蔣夫人打來的電話。這件事是下面人辦的，黃傑不知道，李立柏也不知道，現在他們可以先交保了。

王雲五在 3 月 19 日的日記中寫道：「下午為沈志明夫婦事，因警總法部乃提前審案，雪屏（『行政院』秘書長陳雪屏）以此見示，餘以言托雪屏轉陳誠院長，仍主維持餘之交保議。[55]」3 月 28 日，剛剛獲得保釋的沈志明夫婦寫信給王雲五，表示感謝：「這次幸得老伯和適之師長的援救，我們現於廿七日晚上重獲自由，骨肉團聚。老伯對我們的援助，我們無法用言詞來表達，但將使我們終身不忘。老伯不畏權勢，仗義執言，這一個傳統也將使我們下一代的子女永銘在心。適之師長叫我們暫勿登門拜謝，我們尊重師長的意思，所以我們

55　《年譜初稿》，第 1022 頁。

先用這幾個字表示衷心的感謝。[56]」5月22日，王雲五主持「臺灣省戒嚴令案」審議會議，力主縮小戒嚴令適用範圍。他在自撰年譜稿中記下了這次會議所作的結論：

　　台省縱然進入警戒戰備時期，其地方行政與司法及官員之指揮，似仍應由原有法定機關掌理為宜。因此，國防部原呈所請行政、司法官員之指揮應否于進入警戒戰備時期交由戒嚴地域內最高司令官（即臺灣警備總司令）執行此職權一節，無論揆以法理、事實及體制，似均無此必要。從而原擬「臺灣省戒嚴令」增訂第六條「戒嚴法第七條之實施另令辦理」之規定，似亦應予刪除[57]。

　　顯然，王雲五建議修改「臺灣省戒嚴令」，限制「警備司令部」濫用職權，與沈志明夫婦被捕一案有關。但是，在國民黨決意強化對臺灣實施軍事專制統治的年代裡，王雲五的這種要求是起不了多大作用的。他提出的修改「戒嚴令」建議案，於3年後才交付有關部門「研究」。6月上旬，拖延了幾個月的沈志明夫婦案在海外輿論壓力下，終於被宣判無罪。王雲五剛鬆了一口氣，香港《自由人》于同年9月停刊。作為自由人社的發起人，王雲五又不免感慨唏噓。此波尚未平息，新一輪衝擊波又壓將過來。1960年4月，原「自由人」雷震（儆寰）被捕。雷震是《自由中國》半月刊發行人，以涉嫌「叛亂」為名，被臺灣「警備司令部」逮捕，同時被捕的有傅正、馬之、劉子英。此案引起的震動，比沈志明夫婦被捕案要大得多。《自由中國》創辦於1949年11月，胡適在創辦階段為該刊發行人。50年代初

56　《年譜初稿》，第1024頁。
57　《年譜初稿》，第1037—1038頁。

起，「自由人」雷震任該刊發行人。《自由中國》時常對臺灣政壇黑幕及腐敗現象予以廣泛批評，引起臺灣當局的仇視。1957 年 7 月起，《自由中國》連續發表多篇文章，批評臺灣當局渲染「反攻」太不自量力，鼓吹連自己也不相信的所謂「反攻」，目的是借宣傳「反攻」行專制統治之實。1959 年，《自由中國》又刊文，認為蔣介石要連任三屆「總統」，沒有任何法律依據，這就使國民黨當局和蔣介石都陷於很尷尬的境地。臺灣當局於 1959 年春便有意採取行動，處置雷震和《自由中國》。3 月 28 日晚間，雷震偕胡適來到王雲五家中，商量如何擺脫險境，王雲五建議胡適致函《自由中國》，以勸告的語氣，表面批評幾句，化解險情。王雲五認為，有胡適這樣的「名人」出面充當調人，國民黨當局或許不敢採取過激舉措。胡適答應寫一封「勸告信」，但他後來寫的「勸告信」，言語含蓄，矛頭暗中指向當局的專制。第二天，王雲五致函張群並請轉呈蔣介石，強調在處理《自由中國》言論上要從長計議，切勿貿然行動，要注意「投鼠忌器」。經過王雲五和胡適分頭活動，雷震和《自由中國》總算躲過了 1959年春的災難。但是，臺灣當局對《自由中國》雜誌社仍然放心不下，終於在 1960 年 9 月 4 日藉故由臺灣「警備司令部」出面逮捕了雷震等 4 人。雷震等人被捕後，臺灣社會上有一種意見，認為軍事機關無權審判雷震等人，此案應移交普通法院審判。王雲五也支持這種觀點。王雲五經數日研究，致函「行政院」院長陳誠和「總統府」秘書長張群，大量引述法律條文，力主將雷震案移歸普通法院審理。在進行法律方面的辨析後，王雲五在信中寫道：

　　複查警戒地域內之嚴重情形既有遜于接戰地域，在法意上似不至

排除戒嚴法第八條規定，軍事機關得自行審判或交法庭審判之抉擇權，蓋法院為正常之審判機關，軍法機關則為特殊之審判機關。設使特殊審判機關行使其法定之抉擇權，以得自行審判之案件改交法院，即正常審判機關執行審判，于法理亦無不合[58]。

　　如果把雷震案交普通法庭審判，案情和審判過程將無法保密，判決結果也不易控制，很可能在臺灣社會引發騷動，這是國民黨當局決不願看到的。因此，陳誠對王雲五信函不表態；張群則表示「原則甚贊成，尚有某一問題待解決」，其實他並不支持王雲五的觀點。10月8日，雷震案經軍事法庭審判，以不告發「匪諜」、作「有利於叛徒之宣傳」等莫須有罪名，判處雷震10年徒刑，同案人劉子英被判刑12年、馬之被判刑5年。消息傳出，海內外輿論譁然，臺灣當局的獨裁行徑受到強烈批評。

　　在上述一些問題上，王雲五的觀點與國民黨最高當局的政策有較大的分歧，他的意見一再被否決，這也是王雲五從1960年起就想退出政壇的重要原因。

　　王雲五辭去「行政院」的職務之後，雖然仍虛掛著「資政」的頭銜，常托故不參加有關的諮詢會議。1972年5月6日，他致函張群，以「久病未愈」為托詞，請辭「總統府外交綜合組」副召集人的虛職，並表示今後不再參加討論。對於一屆「國大」第五、六次會議，他也虛與委蛇，一般討論不參加，僅在關鍵時刻受當局力邀，才出面主持。1972年3月21日第五次「國大」舉行「總統」選舉會

58　《年譜初稿》，第1112—1113頁。

議，由王雲五任大會主席，蔣介石以「全票」當選「第五屆總統」。
1978 年 3 月 21 日王雲五應邀主持第六次「國大」的「總統」選舉，
蔣經國當選。「總統」選舉前後的許多會議，王雲五大多不參加。他
本人對於「國民大會」追述的文章，只寫到 1966 年一屆四次會議，
對此後兩次會議，他極少提及。他對此的熱情已完全消失了。

第十二章

重操舊業生輝煌

任教政大政研所，培養人才數十名，享有「博士之父」譽稱。喜獲韓國大學頒授之榮譽學位，聊補學歷缺憾。芬芳桃李，繁榮台、港學術文化，成績顯著。

1963 年 12 月王雲五退出政壇後，將主要精力投入文化教育事業，在人生的最後階段再度輝煌。他是閒不住的老人，以忙為樂，視閒散為浪費生命。1965 年 10 月 5 日，他作《消閒》七絕四首，抒發其對忙與閒的感受：

識得消閒真是福，為誰辛苦為誰忙。忙時自有其中樂，轉覺閒時苦獨嘗。

西土名言滅暇咎，中華閒適意深長。日長無事難消遣，人到閒多志必喪。

百年三萬六千日，一日二十四小時。百歲時光原短暫，寸陰應惜莫推移。

須臾莫與道相離，閒散生涯與俗宜。倘使消閒常越規，精神事業怎能支[1]。

辭去「行政院」副院長之後，王雲五被政治大學政治研究所聘為專任教授，在教學上投入更多的精力。1955 年 3 月起，他便應政治大學之聘，任該校政研所兼任教授。1963 年底起他被改聘為專任教授。1969 年 6 月請辭政大教席，退出杏壇，專心從事文化出版業與個人著述。在臺灣政治大學任教期間，他培養了眾多的研究生，他歷年指導的研究生論文為數最多，計有博士論文 9 篇、碩士論文 23

1　《岫廬紀事詩存附詩余》，王雲五 1977 年自印本，第 57 頁。

篇[2]。這些論文選題面廣，論述美、英政史政制的有 8 篇，論述中國政史政制的有 22 篇，其中古代與近現代政治各 11 篇。中國近現代政治政制的文章中，大多與國民黨政治機制有關，另有 3 篇論述中共政治。就王雲五本人的知識結構而言，他指導中國古代政史、國民黨政治的研究是遊刃有餘的，對美、英政史政制的論文未必能作深入指導，有關中共政治的論文亦很難切實指導，這方面他本人從未進行過深入研究。

在臺灣，王雲五有「博士之父」的譽稱。他是臺灣最早的博士生導師之一，在同時期指導的博士生人數最多，而臺灣設置博士學位之議，也由他率先提出。1955 年，王雲五在「考試院」副院長任內，撰寫《我國博士學位授予之研討》一文，先發表于《新生報》，又由《考銓月刊》第 57 期轉載，大意為先設文、法、商、教方面的博士學位，以利推進博士學位的授予，並鼓勵學生作高深研究，理、工、農、醫各科暫緩設博士點[3]。1957 年 3 月，他撰寫《為博士學位授予事與莫院長商榷書》，並作為「考試院」的提案呈報。同年 5 月他又寫成論文《博士考》。他對自己力爭在臺灣設置博士學位，曾作如下敘述：「博士學位之授予，除兩院均主審慎辦理外，技術上尚需由兩院會同訂定博士設定委員會規程。余以為二十餘年來遲遲未開辦博士班，實屬過分慎重。因即在考試院提案，先由考試院起草博士評定委員會規則，再行會商行政院。[4]」所謂「二十餘年來遲遲未開設博士班」，指的是國民政府曾於 1931 年 4 月 22 日頒佈學位授予法，規定

2　《年譜初稿》，第 845-846 頁。

3　王雲五：《重理粉筆生涯》，載《談往事》。

4　王雲五：《商務印書館與新教育年譜》，第 867 頁。

學位分學士、碩士、博士三級，但有關博士學位授予的規定較為粗糙，且久未實施，直到 1957 年，臺灣「行政院」和「考試院」才會同詳訂有關細則。臺灣當局決定設置博士學位後，先在政大政研所和師大國文研究所推行，其後，臺灣大學等校陸續設博士點。政大政研所從招收高級研究生著手，培養博士生。最早的高級研究生僅周道濟一人，為他一人開設兩門博士生課程：中國政治研究由浦薛鳳教授擔任；中國政治典籍研究分為兩部分，政治制度部分由王雲五講授，思想部分由薩孟武教授執教。周道濟所寫漢唐官制的研究論文，由王雲五等 3 名教授指導，1959 年 5 月完稿，70 余萬字，是臺灣最早的博士論文。指導博士生原本就是很不容易的工作，何況臺灣各教授此前都沒有帶博士生的經驗，王雲五本人則從來未上過大學。王雲五憑著他廣博的學識和一貫的自信，從他熟悉的目錄學著手，指導學生圍繞專題博覽眾書，盡心竭力完成這項工作。王雲五的得意門生王壽南博士回憶道：

博士班的課是極難講授的，中國政治典籍十分複雜，理出頭緒已屬不易，何況研究指導。幸而雲五先生是當代著名的目錄學專家，遂能指導學生一步一步深入，他每次指導學生閱讀某一類典籍，便逼著學生要交報告，每篇報告不得少於一萬字。學生們對於雲五先生逼得如此之緊，大叫吃不消，可是一年下來，學生們的確讀了不少的書，這又不能不感謝雲五先生的「逼」功了[5]。

王雲五在教授博士生課程「中國歷代政治典籍研究」的過程中，並不要求博士生埋首於典籍之中。實際上有關典籍浩如煙海，未入門

5　王壽南：《當代具有多方面成就和貢獻的奇人王雲五先生》，載臺灣《中華文化復興》第 8 卷第 11 期。

者茫然闖入，往往覺得漫無頭緒，讀不出個名堂來。他要求博士生查閱這些典籍的目錄，並比較有關典籍版本和內容的異同，從中發現問題，再擇優精讀。由於王雲五私人藏書豐富，他往往在家裡講授博士生課程。他對汗牛充棟的古籍目錄瞭若指掌，信口娓娓道來，如數家珍。他允許學生在他的居室和書房裡隨便走動，任意翻閱各種書籍。但博士生到大客廳必須換上拖鞋，不能隨便動用物品，因為大客廳由王雲五的夫人管轄。王雲五多次對學生和客人半開玩笑地說：「我在書房和居室很自在，享有治外法權，其他地方就由夫人管轄了。」

　　能成為臺灣第一批博士生導師中的一位，王雲五是很以為自豪的。有一次宴席上，王雲五借幾分醉意說道：「人家說我沒上過學堂，沒讀過書，沒有學問，其實，」他摸摸肚子，接著說：「其實我的肚子裡至少裝了幾十個洋博士和土博士。[6]」實際上，他人提及王雲五沒有上過正規學堂，總是作為他自學成材和學識淵博的反襯，絕無貶低之意。對此，王雲五是很清楚的，但沒有學歷沒有文憑，常使得他覺得一生中缺漏了些什麼。令王雲五欣慰的是，他本人的學位問題終於有了補償的機會。1969 年 9 月，韓國建國大學寫信給王雲五，告以決定贈授給他名譽法學博士。10 月 15 日，王雲五飛抵韓國，16 日接受建國大學授予的榮譽博士，第二天，他又榮獲慶熙大學頒贈的大學章。他是第一位獲韓國大學頒贈大學章的華人。回到臺灣後，王雲五很興奮，在家裡招待記者和朋友。他拿出博士服，但忘記怎樣穿戴了，在大家幫助下，他再次穿上博士服，不無得意地說：「這襲博士服價值一百美金，本來是要我出錢做的，但是建大很客

6　張亞澐：《君師合一，崇峻無雙》，載王壽南主編：《我所認識的王雲五先生》。

氣，一定要定制給我。他們來信要尺寸，我很慚愧地告訴他們，身高只有一百五十公分。」說罷哈哈大笑，眼睛裡閃爍著喜悅的淚花。他興奮地接著說：「袍子很合身，不是嗎？但是帽子太小，他們沒有想到這麼矮個子的人，有這麼大的頭。」像往常一樣，他總喜歡把客人帶進他的書房，讓來客欣賞他豐富的藏書。身著黑絲絨、藍白絲帶相間的博士服，頂著飄拂著黃流蘇的方帽子，他興高采烈地帶著大家穿過走廊上樓，來到他的書房。那身華麗雅致的打扮，那種喜不自禁的神色，被台報記者描寫為：「他象一個要上花轎的新娘子。」

王雲五開設的碩士生課程是現代公務管理、現代行政研究兩門課。1955 年 3 月剛開設現代公務管理課程時，由於沒有現成的書籍和資料可利用，王雲五自編講義，由教務處油印，交研究生預習。課堂上，王雲五發揮主要觀點，補充些實例，然後回答學生的質疑問難。半年後，王雲五即寫成《現代公務管理》一書，入選《國民基本知識叢書》。此後上這門課，他要求學生預習有關章節，課堂上主要採用師生相互問答的方式。後來，王雲五對所授課內容滾瓜爛熟，改用學生輪番主講、相互討論、他相機引導的方式，最後他作總評，指點主講學生回去寫小論文。這種自由輕鬆的教學方法，受到學生一致好評：

雲師上課，不帶課本，也不發講義。但他每堂課都有一個主題，他先提示主題的綱要，然後就要同學們自動發言，互相討論。同學們所未顧到的，他自動提出來說明；同學們所已提及，但未說清楚的，他加以闡明及補充。這種教育法，可使學生對於一個問題的各個方面，都有所瞭解，較諸手握講義，照本宣科的方法，其效果不可同日

而語。雲師講課時，總是面帶笑容，對學生從不疾言厲色，所以聽他的課，真是如坐春風[7]。

對於學生的觀點，王雲五從不加以限制，只要能持之有故，能自圓其說，就算達到基本要求。即使學生的發言觸犯忌諱，王雲五也寬容待之。1957年秋，學生胡春惠就公務員薪給問題作課堂發言時，譏評臺灣的公務員薪給制度，說這是「替政府淘汰人才，替社會豢養懶人」的機制。胡春惠發言後，其他同學大多同聲附和，居然忘記了他們的老師王雲五乃「考試院」副院長，而且正在搞行政改革方案。王雲五不以為忤，但又不便支持學生的觀點，於是放聲大笑道：「真想不到，在課堂上還會遭遇立法院質詢的場面。[8]」從這件小事，可以看出王雲五在師生關係上豁達、隨和的態度。他的學生對此都留下深刻印象，給予好評。師生有妙語脫口而出時，常引發哄堂大笑。儘管上課的氣氛十分輕鬆，可是沒有哪位學生敢於草率應付學業。在課堂上泛泛而談，講不出個人獨到的見解，或者幾次三番被王雲五問得無從回答，那是很丟臉的事[9]。學生水準的高低，對專題研究的深淺，在課堂上一展無遺。王雲五通過隨意提問的方式，讓學生自己去體會其中的味道，改進學習方法。

王雲五與學生關係相處很融洽。學生有事要拜訪他，或希望他在課餘指導論文，只要預約了時間，他必定恭候。在「考試院」和「行政院」任職期間，由於在正常工作時間他要到院裡去上班，又有早起早睡的習慣，因此在家裡接待學生大多安排在早晨8點以前。有一

7　胡述兆：《我所親炙的王雲五師》，載臺灣《傳記文學》第35卷第4期。
8　胡春惠：《我所認識的岫師》，載王壽南主編：《我所認識的王雲五先生》。
9　陳寬強：《從雲五圖書館的誕生體認岫師人格的偉大》，載王壽南主編：《我所認識的王雲五先生》。

天，學生胡述兆按約定時間 7 點左右到達，由王雲五的司機迎入小客廳，剛坐下不久，「財政部長」嚴家淦、「經濟部長」楊繼曾先後來到。那天清晨，王雲五因另有他事，到客廳接待客人比平時晚了幾分鐘，他先向兩位部長告罪，然後笑著對他們說：「這位胡同學是從木柵政大趕來的，已預約討論他的論文，請兩位稍等。」胡述兆受寵若驚，感動地追述道：事情雖然微不足道，卻可以看出王雲五對教學工作的投入和對學生的殷切關愛[10]。

凡是王雲五教過的學生要結婚，大多請他擔任證婚人。他則有請必到，到必贈以新婚賀詩。個別門生結婚時沒請他到場，他便耿耿於懷，以後見了面常要嘮叨幾句，令未婚門生以後不敢「效尤」。政大政研所歷屆畢業同學，每年在王雲五生日前夕都要聚餐祝壽，王雲五則拿出洋酒助興，大聲叫「乾杯」，幹了一杯又一杯，酒醉方甘休。1969 年他退出杏壇後，政研所畢業生每年仍為他設宴慶壽。王雲五有「避壽」的習慣，每逢生日這一天便藉故隱藏起來，但對學生為他舉辦的慶壽活動，他每次都欣然前往，興盡而歸。1975 年他八八大壽，政研所畢業生在祝壽聚會上發起編印《我所認識的王雲五先生》，每位學生寫一篇，由王壽南主編。在編書過程中，王壽南又收入王雲五的幾位朋友撰寫的文章。此後不久，政研所的同學們又議定編印《岫廬文庫》，以感謝「岫師」當年教誨之恩，並以此紀念他的九秩華誕。《岫廬文庫》並不是王雲五的文集總匯，而是其學生的著作或論文集，大抵每人出一本書，由王壽南、陳水逢兩人為主編，交臺灣商務印書館出版。在王雲五 90 歲大慶時，《岫廬文庫》出了 20

10　胡述兆：《我所親炙的王雲五師》，載臺灣《傳記文學》第 35 卷第 4 期。

餘種書，王雲五則寫成《岫廬最後十年自述》，簽名分發給他的學生。

王雲五培養的博士、碩士，有不少人在臺灣各所大學擔任教授、副教授，金耀基等人則去香港擔任教職，還有幾位去美國深造，留在美國工作。香港、臺灣兩地的商務印書館先後有多名王雲五的學生擔任經理、總編輯等要職。在培養高層次的教研人才方面，王雲五作出了重要的貢獻。留在臺灣的政大政研所的畢業生，除每年聚會為王雲五祝壽外，平時遇到學問上的疑難，常與他電話聯繫或來信請教。離開臺灣的學生，大多也同他保持通信聯絡。與他通信最為頻繁的是在香港中文大學任教的金耀基，相互討論文化學術和出版等事宜。為了收尋他本人所需求的圖書雜誌，王雲五時常寫信給旅居美國的學生，托他們購買書籍或複印資料。例如，他在 1975 年 6 月 18 日寫信給旅美的胡述兆，告以《東方雜誌》已收齊印成，「現擬印《教育雜誌》。經向海內外各大圖書館訪求，現已從國內中央圖書館、美國哈佛燕京圖書館及香港馮平山圖書館借得全部，檢計只缺四號，即第三卷一號、第三十卷六號及九號、第三十一卷十二號（所缺四卷如能以原書掛號寄下，既較清楚，又可省費，尚祈酌辦，哈佛燕京即以原書寄來）。……」為了收齊《教育雜誌》，在臺灣全套重印，王雲五專此寫了 7 封信給胡述兆，並詳細指示各種收集方法[11]。

與所有學生通信、交往，王雲五都以討論學術、研究出版為內容，行文率直，不用虛言套話。他的學生給他的信，除了必要的幾句恭敬話之外，也很快切入正題，商討學問和出版事宜。正因為相互需

11　胡述兆：《我所親炙的王雲五師》，載臺灣《傳記文學》第 35 卷第 4 期。

要交流，才使王雲五與學生們保持廣泛而久遠的友情。作為老師、學問家和出版家，王雲五給他所有的學生留下了至為深刻的印象。他的許多學生在學術和教育上取得了顯著的成績，1969 年，王雲五退出杏壇之際，他回顧了一下在台從教生涯和成就：在政治大學政治研究所教了 15 年書，指導博士論文 7 篇、碩士論文 23 篇；他指導過的研究生，有 12 人已當上教授，此外，還有副教授 10 人、講師 8 人。他的學生現在有的已經退休了，有的還在從事教研工作，大多論著豐碩，取得過較高的學術地位，在各大學擔任過校長、院長、系主任的，不乏其人。他的學生的學生，也已經接上班，成為臺灣教育文化界的骨幹和中堅。

出任臺灣商務印書館董事長，中興台館，推出眾多優秀著作，弘揚中華燦爛文化，輝映台島，功在千秋。

1964 年 6 月，王雲五出任臺灣商務印書館董事長，猶如倦鳥歸林，回到了他所熟悉的出版行業。此後 15 年，他為振興臺灣商務印書館堅持不懈地作出努力，取得了令世人矚目的成就。

臺灣商務印書館與祖國大陸的商務印書館有著密不可分的歷史淵源關係。1947 年 7 月，在上海的商務總館便指令福州、廈門兩分館及梅縣支館調派 5 人赴台，籌設圖書館批售處。抗戰勝利後，臺灣回歸祖國，開明書局、正中書局、中華書局相繼派人赴台設置機構。商務印書館是在臺灣設置機構的國內第四家出版單位，館址設在臺北市許昌街。由於不久臺灣改制建省，商務印書館總管理處指示在台機構改為分館，以相應提高層次，並聘定原總管理處會計主任趙叔誠為臺

灣分館經理。1948 年 1 月 5 日，商務印書館臺灣分館正式開張，館址遷至重慶南路，擁有一座三層辦公樓房。重慶南路為臺北市書局彙集之地，相當於上海的「文化街」福州路，書香飄逸，書市興旺。商務臺灣分館那時只有 10 余名職工，以銷售上海總管理處撥運來的圖書為主。1949 年 5 月上海解放，商務總管理處不再向臺灣分館發貨，臺灣分館以銷售存貨維持營業。1950 年 10 月，臺灣當局飭令原大陸工商企業在台各分公司取消「分支」字樣，冠以」臺灣」兩字，改為獨立機構。於是，商務印書館臺灣分館更名為「臺灣商務印書館股份有限公司」，以新臺幣 20 萬元辦理登記，1951 年 5 月取得臺灣當局發給的營業執照。從此，「由原任經理趙叔誠獨立經營，向來僅負經銷總館出版圖書之分館，自是演變為兼編輯與印刷之機構，一切有賴自力更生」[12]。

　　臺灣商務印書館雖然成為獨立的出版機構，但營業狀況長期不景氣。其原因首先是臺灣書市窄小，同業競爭激烈。臺灣人口僅 1000 余萬，居民的文化程度偏低，閱讀品位不高，對文化學術類出版物的需求量極為有限。而各式出版單位龐雜眾多，僅重慶南路就彙集了同業三、四十家，相互爭奪為數有限的購書者。再者，經理趙叔誠出身商業會計，性情忠厚有餘，開拓不足，又無法獲得下屬同人竭誠支持，苦苦支撐，僅能做到勉強維持，年均出書不過數十種，營業額在數十萬元至百萬元之間。其三，原商務總館的董事沒有一人在臺灣（王雲五的董事頭銜在 1948 年被取消），在台股東的股份僅占原公司總額的 2%，因而無從召開董事會和股東會。王雲五曾聯絡在台商務

12　王雲五：《商務印書館與新教育年譜》，第 841 頁。

股東，召開非正式的談話會，並成立業務計畫委員會。但是，該委員會以「督導」為名，形同虛設，其實只是顧問性質的委員會。不久，王雲五從政為官，無意過問臺灣商務印書館事務。趙叔誠既不能與大陸商務機構聯繫，又找不到合適的人接任職務，無奈之下，只能在內外交困的窘境中勉力堅持，掙扎求存。

1964 年 4 月，臺灣當局頒佈了在台公司的大陸股東權行使條例。根據這一條例的有關規定，臺灣商務印書館可以召開正式股東會，成立董事會，董事會能行使職權。其時，王雲五從政壇退休僅 4 個月，對振興臺灣商務事業興趣正濃。經過兩個月的籌備，1964 年 6 月 14 日臺灣商務印書館召開首次股東會，選舉董、監事。王雲五以最多得票當選為董事，並在董事會上以全票當選董事長。6 月 22 日，王雲五主持臺灣商務印書館股份公司董、監事聯席會議。他以董事長身份指出臺灣商務印書館多年來存在的問題：一是開銷大，尤其是人事費用支出過高，大量在外債務沒有及時催回。二是收入少，主要原因在於出版圖書太少，營業規模過小。三是缺乏約束機制，內部管理制度不嚴，帳目混亂。7 月 1 日起，77 歲的王雲五駐館主持日常館務，並宣佈他本人將天天來館辦公。他從開源、節流、制度化等方面著手搞整改，第一條措施便是減薪。他發現館內高級人員薪給過高，比同業中相當職務的人員高出許多，已成為開支中的一大漏洞，「於是毅然將薪金核減，最高級核減最多，中級次之，低級則維持現狀」[13]。與此同時，他設法對外加緊催回各類拖欠款項，接著，他又在《中央日報》等重要報紙上發表聲明，任何單位不得隨意侵犯臺灣

---

13 《自述》，第 1016 頁。

商務印書館的著作權與製版權，茲後一經發現，必從嚴訴究侵權行為。此後他多次追究有關單位侵權行為，迫使對方公開道歉，賠償損失，使風行多年的侵犯版權行為得到有效抑制，臺灣商務出版物的售價得以保持在合理的水準上。在制度化問題上，王雲五多管齊下，堵塞漏洞，其中最重要的舉措，便是參酌 1933 年 2 月商務總管理處在上海制訂的員工服務暫行規定，略加損益，推出臺灣商務印書館規則51 條，令各級員工務必嚴格遵循，使內部管理和運作變無序為有序。

　　振興企業，開源為根本。王雲五決定將最初兩年間的出版重點放在「吃老本上」，即改編或修訂在大陸期間暢銷的商務版圖書，以期儘快增加收入，第三年起逐步轉向新著譯的編印。作為經驗豐富的出版家，王雲五向來不搞小本經營。他深謀遠慮，從重印大部頭叢書著手。他沿用二、三十年代的老辦法，預約發售大部頭叢書，因而在制訂出書計畫階段，已吸收了相當部分的資金。第一部重新選輯的大部叢書是《萬有文庫薈要》，選自《萬有文庫》第一、二集及簡編，共入選 1 200 冊，《萬有文庫薈要》于出版當年預售 100 部，第二年續銷 300 餘部，「銷售金額足抵曩昔數年之營業收入」[14]。這套叢書銷出400 餘部，看似數量不大，但每一部就有 1 200 冊，就臺灣書市情況而言，銷售總數還是很為可觀的。五、六十年代的臺灣曾有「文化沙漠」之稱，長期以來缺乏優秀的中文圖書。這種狀況，同晚清以來臺灣的歷史沿革是有很大關係的。日本挾甲午之戰勝利的餘威，於1895 年迫使清政府簽定《馬關條約》，割占我國臺灣達 50 年之久。1945 年抗戰勝利後臺灣才回歸祖國，1949 年起兩岸正常交流中斷。

14　張連生：《追隨雲五先生十一年》，載王壽南主編：《我所認識的王雲五先生》。

因此，無論中華文化的傳統經典，還是半個多世紀以來祖國大陸出版的優秀讀物，在臺灣書市上都為數寥寥。王雲五洞悉臺灣書市的不足之處，抓住機遇，推出切合時需的讀物，一炮打響。入選《萬有文庫薈要》的圖書，在祖國大陸出版界看來，大多已有陳舊之嫌，在臺灣則頗引起轟動，各圖書館、各院校購買後，影響讀者層面甚廣。王雲五推出的第二部書是縮印本《四部叢刊》初編，1965 年 5 月輯印，半年之內 400 部售罄。他再接再厲，親自選輯該書續編 600 冊，為做好這項工作，他沉浸其中，精心選編，「數月以來，朝斯夕斯，即從事於重編是書之工作，以就原刊續、三編淘汰增補」[15]。不久，王雲五又輯印《叢書集成簡編》860 冊，印 400 部。這幾套叢書在一年多時間內相繼推出，使臺灣商務印書館聲譽雀起，也將臺灣出版事業推向一個新的階段。王雲五自述道：「去秋餘重主商務印書館，以十餘年來，台館格於形勢，出版寥寥，恍如停頓。竊不自揣，願以餘生數年為館事盡其義務，漸複其對出版之貢獻。[16]」隨著大部頭叢書的陸續推出，臺灣商務印書館的營業額與實際盈利相應也直線上升。1965 年，臺灣商務印書館的營業額為 1055.3 萬元，1963 年僅 222.8 萬元；實際盈利，1965 年為 330.2 萬元，1963 年為 15.4 萬元。兩相比較，王雲五主持館務後，年營業額增長了 2.7 倍，實際盈利增長 20 倍有餘。商務職工的待遇也得到了改善。1965 年，每個職工分得的紅利相當於六、七個月的薪金，實際收入已超過 1963 年及此前各年。1966 年初起，除了選輯《漢譯世界名著》等大部叢書外，臺灣商務印書館開始出版完全新編的書，如《各科研究小叢書》，為各種

15　王雲五：《輯印四部叢刊續編序》，載臺灣《出版月刊》第 2 卷第 2 期。
16　《自述》，第 1019 頁。

學科入門的指導性讀物，深受青年學子歡迎。

從 1964 年 7 月至 1966 年 8 月，王雲五統領館務後的前 26 個月中，臺灣商務印書館推出初版及台一版書共 2 276 種、3 568 冊，月均出書約 88 種、141 冊，其中初版書 98 種、台一版書 2 178 種。所謂初版書，即在臺灣徵集新書稿，初次編輯出版的圖書。所謂台一版書，指曾在大陸出版過的商務圖書，在臺灣初次重印者。而在王雲五入主臺灣商務印書館之前，即 1950 年 7 月至 1964 年 6 月的 14 年間，臺灣商務印書館僅出初版書 117 種、164 冊，台一版書 352 種、495 冊，合計出書 469 種、659 冊，月均出書種類不到 3 種，冊數不足 4 冊。

1966 年 8 月以後，臺灣商務印書館繼續推出台一版大部叢書，及中型和單行本書籍，其中較為重要者計有《小學生文庫》、《索引本佩文韻府》、《嘉慶重修一統志》、《太平御覽》、《國學基本叢書四百種》、《四庫全書珍本》初集至五集、《宋元明善本叢書》、《道鹹同光四朝奏議》、《人人文庫》甲乙兩種、《精印歷代書畫作品》、《清代三大日記》、《百衲本二十四史》、《說文解字詁林》、《格致鏡原》、《說郛》、《景印岫廬現獻罕傳善本叢刊》、《韻史》、《涵芬樓秘笈》等。此外，還重印了兩套學術含量較高的商務版舊雜誌——《東方雜誌》和《教育雜誌》，分別取名為《東方雜誌舊刊全部》、《教育雜誌舊刊全部》。諸如此類的書刊，臺灣各學校、機關、圖書館原先大多未曾收藏，因而紛紛訂購，這對於臺灣的文化建設，對於臺灣人民對祖國文化的瞭解和認同，都起了積極的作用。

王雲五在臺灣商務印書館主持出版的新書，以三大工具書最為著名。《雲五社會科學大辭典》，共 12 冊，由臺灣著名人文科學專家學者分科編撰，是臺灣最權威的現代社會科學工具書，以「雲五」為名，是臺灣文化學術界為了對他在學術文化上的貢獻表示慶賀和紀念。《中山自然科學大辭典》，共 10 冊，由中山學術文化基金會撥款150 萬元，動員一切可能參與的有關學者專家編寫，是臺灣最權威的自然科學工具書。《中正科技大辭典》，共 11 冊，一定程度上是對《中山自然科學大辭典》在另一層次的補充和完善。修訂出版《辭源》，則是臺灣商務印書館的又一項較大規模的工程。

　　工具書之外，臺灣商務印書館在王雲五主持期間，還出版多種有價值有影響的新書。如《各科研究小叢書》、《資治通鑒今注》、《古籍今注今譯》、《新科學文庫》、《國民醫藥衛生叢書》、《科技大學叢書》、《岫廬文庫》、《中華科學技藝史叢書》等。王雲五本人的長篇著作，也在臺灣商務印書館出版，計有《岫廬八十自述》、《商務印書館與新教育年譜》、《岫廬最後十年自述》、《中國政治思想史》、《中國教育思想史》。前三部書同他本人經歷有關，又從不同角度反映了商務印書館歷史和近現代中國社會政治的方方面面，每部書都在 100萬字以上。後兩部書，是他晚年撰寫的學術專著，各 200 余萬字。這5 部著作，共計字數逾 800 萬字，除了第一部自述殺青于王雲五 80歲之前，其餘 4 部著作均在他 80 餘歲高齡階段完成。還有值得一提的是承印《資治通鑒今注》，這部書由「教育部」所屬的「中華叢書委員會」主持編纂，只出版了 3 冊，因各出版社不願承擔虧損風險而難以為繼，惟獨王雲五認為這套書「有功于文化」，於 1966 年初答

應承擔印行任務，並如約每月出書一巨冊。他後來對記者談起，他對古籍今注今譯特別感興趣的原因：

我們中國的古聖先賢，他們的遺教，他們的著作，如何普及？我們知道，古代的文字同現代的文字，是有相當的距離，尤其是現在的學校裡都是教白話文，要把古代的經典或詩詞之類的東西，使一般學生都明白，不是容易的。因此，一些古聖先賢的著作，有使它大眾化的必要。大眾化是什麼呢？就是要作現代的注解，並且附帶翻譯成白話文，這樣才能夠普及。這件事情，我已經開始做了，因為我又回來主持商務印書館[17]。

恢復館辦雜誌的傳統，是王雲五對臺灣商務印書館的又一貢獻。1965 年 6 月 1 日，臺灣商務印書館創辦《出版月刊》，定期介紹出版和圖書情況，每月一期。1967 年 3 月，王雲五決定復刊《東方雜誌》，經過 4 個月的籌辦，於 7 月推出臺灣版《東方雜誌》。《東方雜誌》是我國歷史最悠久的定期刊物，創辦於 1902 年。《東方雜誌》曾停刊過四次，1932 年「一·二八」劫難後，《東方雜誌》停刊 9 個月，主編錢經宇改行從政。復刊後，胡愈之任主編。1937 年 7 月全面抗戰爆發，《東方雜誌》第二次停刊，於是年 11 月在香港復刊。1941 年 12 月太平洋戰爭爆發，香港旋即淪陷，《東方雜誌》第三次停刊，於次年 2 月在重慶復刊。1949 年，人民解放戰爭取得全面勝利，商務印書館調整出版方針，《東方雜誌》第四次停刊，在祖國大陸未再復刊。因此，這次它在臺灣的復刊，要算它歷史上的第四次復刊。王雲五自從 1921 年在上海任商務印書館編譯所所長以後，對

17 臺灣《新生報》1967 年 11 月 12 日。

《東方雜誌》基本上堅持每期審稿把關，主編對出刊方針若與他的主旨不合，立即予以撤換。在臺灣恢復出版的《東方雜誌》，由阮毅成擔任了較長時期的主編。阮毅成曾任《中央日報》社社長，1969 年退休後，應王雲五之請，任台版《東方雜誌》主編。儘管阮毅成曾是國民黨的一支筆桿子，地位也較高，王雲五仍堅持每期必審，親自核定。阮毅成對此作了如下的憶敘：

　　每期《東方雜誌》集稿之後，付印之前，我必將全樣送請雲五先生核定。他看得很快速，也很仔細。通常是前一晚送去，次晨就已看好送回。每期內容多達十余萬字，而且每篇性質不同，他竟能在一夜之間全部看完，並對於他認為不妥或應予修改者，逐一注明，發回重改[18]。

　　就王雲五晚年階段多種巨著而言，《商務印書館與新教育年譜》堪稱是一部很有價值的館史。他原先沒有將館史列入寫作計畫。他的學生周道濟博士在臺灣商務印書館總經理任上時，力勸他的老師寫館史。王雲五經過反復考慮，決定暫且撇下學術巨著的撰寫計畫，乘自己尚有寫作餘力，搶救館史。這一決定，現在看來是很正確也很及時的。商務印書館已有 70 餘年歷史，處在中國新舊文化交替時期，這一文化出版機構在不同歷史階段、不同地區擔任過文化建設的重任，發揮了重要的作用。如若沒有一部館史，是頗令人感到遺憾的。王雲五對時常採訪他的資深女記者胡有瑞暢述了他的寫作動機：

　　我與商務的關係，雖沒有七十八年這樣長，不過，六十多年總

18　阮毅成：《敬悼本雜誌發行人王雲五先生》，載臺灣《東方雜誌》第 13 卷第 3 期。

有，當年的點點滴滴，往後的林林總總，真是一本寫不完的書，再說，當年的老商務人員，凋零的凋零了，我算是碩果僅存。商務印書館是新教育的產物，也是新教育的動力。本書將一個出版家與新教育並論，理由是因出版物固可衡量教育的進展，教育也能影響出版物的發達。出版物數量種類之多，固為進步之征，然創造性之出版物不僅足以影響後起之出版，且能及於教育，其關係重大[19]。

　　正是懷著對商務印書館至深至誠的感情，懷著對近現代中國文化教育事業的高度責任感，王雲五以「舍我其誰」的氣魄，在 85 歲高齡之年，動筆開寫《商務印書館與新教育年譜》。寫作過程中，他多次累得病倒，仍以一息尚存務竟其功的毅力，寫成百萬餘字的巨著。1973 年 3 月 18 日，王雲五為《商務印書館與新教育年譜》作序，再次回顧了他的寫作動機，刻劃了他奮力拼寫的艱苦情狀：

　　餘亦以該館老成凋謝，碩果僅存，唯餘一人，是舉舍余莫屬。只以創始之二十五年餘，尚未參加，此段資料，搜集不易，姑努力為之。……嘗試計畫搜羅，從事撰著，期以一年完成。不料老病旋即突發，疲憊萬分，甫及半，即擱筆半載。最近病況漸趨穩定，決以餘生完成是舉，健康生命，在所不計，卒於去年底全部脫稿。唯後段系扶病寫作，資料排列，不無顛倒，且屬文潦草，初校勢須自任。幸而因病鮮外出，得以全日在家為之。每次工作一、二小時，輒休息時許，以致夜間失眠，其苦滋甚。

　　書稿完成後，又親自進行初校，王雲五已精疲力竭，不能親校二

19　胡有瑞：《學術界的奇人——訪王雲五先生》，載臺灣《書評書目》第 21 卷第 14 期。

稿，遂交由他的學生王壽南博士代為詳校。王壽南在資料排列、增補方面，做了大量工作。《商務印書館與新教育年譜》採用編年述事體例。這是商務印書館的館史，也是唯一一部關於著名出版機構的詳細歷史。該書使用了不少原始資料，還時常論及國內出版事業，旁涉其他出版機構。並對清末以來許多重要教育會議有所記載，對科學管理的引進與運用也有詳盡記敘，王雲五本人的教育觀、文化出版觀，也散見於全書各部分。此外，他還引述了自撰傳記中有關的資料，記載了他本人為文化教育及出版事業奮鬥半個多世紀的歷程。

　　求新求變，永不停留，永不滿足，這是王雲五在大陸主持商務印書館的一貫風格，晚年主持臺灣商務印書館，仍保持奮鬥與革新的精神。除了統籌出版計畫，全面管理日常館務外，他在其他方面也力求台館變革創新，繼續發展。1967 年王雲五決定改建館樓，第二年 6 月在原址上造起四層樓的臺灣商務印書館新大廈，董事會決定名為「雲五大樓」。這幢坐落在臺北市重慶南路與漢口路交會處的樓房，底層作為營業所，圖書開架，供人閱讀、選購，二樓用作倉庫，三樓是總經理和管理部門辦公室，四樓是編輯室。雲五大樓只是改善工作條件和企業外觀形象的「硬體」建設，王雲五更感興趣的是以提高工作效率為目標的「軟體」改革。1969 年 8 月，出版科科長張連生建議試行打字排版，以代替鉛字排版。王雲五很感興趣，經研究，認為打字排版非但速度快，而且很可能降低成本，於是囑託張連生等立即試驗，設法採行。全面採用打字排版後，每本書的成本平均下降了20%。臺灣商務印書館率先全面採用打字排版，一項小小的改革，便大大改善了經營狀況，在激烈的同行競爭中又領先了一步。在鼓勵職

工勤奮工作方面，王雲五也動足腦筋，除了按工作實績計發工資外，他還想出特殊獎勵辦法，兼顧實惠與榮譽感。1971 年 1 月 9 日，王雲五宣佈設立雲五服務獎，每年由他個人捐出新臺幣 1 萬元，設獎兩名，以獎勵館內忠誠服務的職工。他的新點子層出不窮，幾乎到了無孔不入的地步。例如，1974 年 6 月，他設法在漢城開設臺灣商務印書館總經銷店，擴大海外影響。他還多次追加公司資本，使臺灣商務印書館有充足的資金投入不斷擴大的業務。

在正常發展的軌道上，臺灣商務印書館迅跑了好幾年，趕超了一個又一個對手，終於處在領跑的地位。但不測的風雲，使臺灣商務印書館再次面臨困境，迫使王雲五全力投入，臨難應變。1973 年，臺灣紙價暴漲，印刷工價直線上升，各出版機構均遭受沉重打擊。這時的王雲五身體狀況正處於衰病階段。此前幾年裡，他完成兩部學術巨著、一部館史，共計 500 余萬字，拼命寫作，對體力的耗費很大，需要靜心休息恢復。但這位從不服輸、視館如命的 87 歲的老人，又打起精神，力挽狂瀾。1974 年 1 月 31 日，王雲五以董事會的名義，發佈 21 條應急變革措施：嚴格核定各崗位工作量，富餘職工立即解雇或改調職務；取消午餐津貼，節約用電，減去一切不必要的辦公開支；嚴格整飭同人風紀，增進工作效率；極力催回所有欠款，保證資金流轉順暢；準確預估圖書銷量，嚴格控制每種書印量；《東方雜誌》每篇文稿不得超過 1 萬字，暫不採用小說稿；各級主管人員明確職責，堅守崗位，「董事長亦扶病每日到會」。為了確保他本人以董事長身份全面負責，使應急變革措施切實落實，王雲五讓周道濟博士辭去已擔任多年的總經理兼總編輯職務，以免其職權妨礙董事長全面負

責制，另聘楊樹人教授為總經理，提升經理張連生為代理總經理。第二天，王雲五以「商務印書館董事長王雲五啟事」為題，登報說明，因紙張價格已上漲數倍，圖書工價也相應加倍，決定暫停印行《人人文庫》，並聲明為了挽救商務印書館，他本人將傾全力於館務整改，不再親自接待來訪者：

> 本人以八十七之衰年，患心臟病歲餘，疲憊不堪，久未外出任事，茲因出版工料奇漲，商務印書館出版物之多，冠於全國，所受影響至巨，遂又遭遇創辦七十八年以來第六度之重大危機，不得已，按從前五度挽救本館危機之先例，扶病逐日到館主持一切，以資應變，鞠躬盡瘁，在所不辭，惟盼館內同人及海內外賢達，匡其不逮。又以所事奇忙，體弱不耐應對，凡以公事造訪者，務請分別向該館各主管接洽，本人恕不克親自接待，尚乞鑒原[20]。

王雲五堅持天天到館主持工作，牢牢把握每一個環節，臺灣商務印書館在逆境中奮爭，很快就克服了困難，取得了顯著成效。臺灣商務印書館 1974 年出書 1619 冊，與 1973 年的 1902 冊相比，雖然減少了 283 冊，但其他指數都有所上升，例如，1974 年營業額 3 182 萬元，比上一年增加 679 萬元；盈利 669 萬元，比上一年增加 73 萬元。銀行存款增加的幅度更大，1974 年 885 萬元，比上一年增加 555 萬元[21]。

自 1964 年 6 月起，王雲五以董事長身份主持臺灣商務印書館 15 年，直到 1979 年 8 月去世。其間，他的主要助手是總經理（或經理）

20　臺灣《中央日報》1974 年 2 月 1 日。
21　張連生：《臺灣商務印書館四十四年述略》，載《商務印書館九十五年》。

與總編輯。此前，在趙叔誠主持時期，商務印書館未設編輯室，沒有擺脫分館的形態。王雲五任董事長後，設置編輯室，于 1965 年 2 月聘用他的學生徐有守博士為總編輯。兩個月後，因趙叔誠辭職，徐有守兼任經理。

趙叔誠，江蘇武進人，早年曾長期在上海謀生，擔任過商務印書館總管理處會計主任，1947 年 7 月奉總館之命赴台開拓事業。不料兩年後兩岸交流阻隔，他思鄉情切，卻無從返抵大陸，只得留在臺灣，勉力支撐館務，到 1965 年 4 月在館內失去實權，廁身其間自覺不便，唯有辭職一途。不久，趙叔誠為尋覓生計，赴港謀職，因無從取得居留港地的合法身份，被迫返台，生計無著，貧困如洗，遂冒險偷渡再次赴港，途中病歿於船上，以催人淚下的遭遇，為悲慘的命運劃上了句號。趙叔誠雖然能力有限，經營台館舉措乏力，但他 10 多年含辛茹苦，獨立支撐，使臺灣商務印書館得以延續下來，為台館日後興旺，也為王雲五的再度輝煌，留下了一份基業。以事業為重的王雲五，在大刀闊斧進行整改之際，難以顧及昔日勞碌的同人，似乎缺乏人情味。然而趙叔誠的能力與地位不相稱，而在台館資格甚老，滯留館中確有不便之處。王雲五從臺灣商務印書館前途出發，調整人事，去除改革障礙，亦無可厚非。任何改革，總是幾家歡笑幾家愁，有人發達有人慘。評價改革事業，通常從大處著眼。對於王雲五整改臺灣商務印書館，也應從館務發展以及繁榮臺灣學術的角度，予以評價。趙叔誠無可奈何地成了這場改革的犧牲品。

徐有守，王雲五的博士弟子之一，在臺灣商務印書館任經理職兩年多，於 1967 年 6 月辭職。一年後，周道濟擔任總編輯兼經理。周

道濟也是王雲五的學生，臺灣培養的首批博士之一，曾任中國文化學院教務長兼政治系主任，調到臺灣商務印書館任職後仍兼該系主任，每週授課半天[22]。次年 7 月，臺灣商務印書館設總經理，由周道濟擔任，三年後複兼總編輯。周道濟在臺灣商務印書館擔任要職期間，王雲五騰出精力與時間，接二連三完成長篇巨著。後來因紙價奇漲等原因，出書成本上揚，臺灣商務印書館陷入重重困難，王雲五決定親自抓好館務整改，周道濟自知有駢枝之嫌，遂以體力不支為由，請辭總編輯兼總經理職。1974 年 2 月，王雲五介紹周道濟到臺灣大學任教，提升張連生為代理總經理，然後再三懇請楊樹人教授出任總編輯。楊樹人早年留學德國，主修經濟，學識淵博，在臺灣學界頗有聲望，調任商務總編輯後，才識能力雖遊刃有餘，但勤勉盡職不如前任總編輯周道濟，數度請辭，王雲五一再懇切挽留。1976 年 4 月，楊樹人借赴美探親之機，接連致函王雲五，堅請辭職，又經過半年多的拖延，直到這一年的 12 月才獲准辭職。總編輯職位虛懸年餘，1978 年 6 月由浦薛鳳教授接任。浦薛鳳乃臺灣學界前輩，學術聲望頗佳，習慣于學術權威自由自在的工作方式與生活方式，對總編輯職務不很適應，幹了幾個月便萌生辭意。王雲五竭誠勸留，以致老淚縱橫，泣不成聲。浦薛鳳礙於情面，勉允暫留，一年後便黃鶴遠逝，不思歸巢了。王雲五洽請 72 歲的朱建民教授接任總編輯。朱建民遵約於 1979 年 10 月 1 日起到館接事，在職 10 年。朱建民駐館任職之日，王雲五已去世。從 1974 年 2 月到 1979 年 8 月王雲五病逝，總編輯職位時而虛懸，時而名至而實不歸，成為王雲五的一塊心病。

22　王雲五：《商務印書館與新教育年譜》，第 971 頁。

王雲五的高足金耀基、王壽南、傅宗懋、曹伯一，曾先後應邀來館，為恩師效力，但為時都不久長。金耀基等 4 人皆有博士學位，後來都成為論著豐碩的教授，在台、港兩地大學擔任重要職務。總經理一職，後來由張連生長期擔任。台館大股東劉發克受到王雲五的賞識，在王雲五去世後繼任董事長。早在 1972 年 11 月 15 日，王雲五就為劉發克繼任董事長一事預立遺言，以防自己久病遭不測，臺灣商務印書館事業後繼乏人。其遺言在他去世後不久即向社會公佈：

　　雲五四度復興商務印書館，此次久病侵尋，自知不久于人世，殊不願人亡政息。至於主持公司大計，端賴董事長之得人。現任董事劉發克為本公司最大股東，痛癢相關，定能力盡所能以謀公司之發展，且劉君留美研究化工，歸國後主持業務亦極穩練，平時不多言，言必有中，深為餘所佩服。敢謁誠向董事諸公推薦，于餘去世之後，公推劉君繼任董事長，定能發揚廣大，使公司業務日進不已，則雲五雖死之日，猶生之年。掬誠盡言，願我股東董事以愛余者愛劉君，則公司萬幸，個人萬幸矣[23]。

　　王雲五在臺灣共留下兩份「預立遺言」，一份是為雲五圖書館和家眷而撰寫的，一份是專為劉發克繼任董事長而立言存證的，可見他對商務事業關切之深，對劉發克寄望之厚。

　　臺灣商務印書館在消沉 10 多年後蒸蒸日上，王雲五的管理才能和他在文化學術界崇高的聲譽起了關鍵的作用。台館的中興，也給眾多股東帶來豐潤的股息，他們對致富帶頭人王雲五深懷感激之情。臺

23　臺灣《新生報》1979 年 8 月 23 日。

灣商務印書館股東會于 1976 年 4 月 11 日作出決議，為王雲五塑造半身銅像，以紀念他為商務事業作出的貢獻，兼以慶賀他的九十大壽。1977 年 7 月 15 日，王雲五九十大壽慶前夕，臺灣商務同人在雲五大樓為他暖壽，並為該館所塑半身銅像揭幕。

王雲五半身銅像上的銘文，是他的得意門生金耀基撰寫的。金燿基以洗練的文字，概括了王雲五的奮鬥精神和他在文化出版事業方面的主要成就，淡化了他的從政為官生涯，王雲五對金耀基撰寫的銘文很滿意：

王雲五先生，號岫廬，西元一八八八年生。先生出身于平凡的學徒，自強不息，以牛馬駱駝之精神，苦鬥不懈，終成一代奇人。先生在學術文化政治教育上獨特之貢獻皆已化為時代共有的資產。惟千百年後，先生仍將被記得他是《萬有文庫》的主編者；四角號碼檢字法的發明人；現代科學管理之先驅；雲五圖書館之締造人；商務印書館的偉大鬥士與化身。王雲五三個字已成為一空無依傍的人，憑一己之努力攀登社會巔峰的象徵。人生如壯游，雲老九十的壯遊，在歷史上已留下了無數的足印，但他還計畫著明天的旅程[24]。

晚年的王雲五，為臺灣商務印書館的「中興」作出了巨大貢獻，也為該館此後的發展打下了堅實的基礎。1950 至 1963 年趙叔誠任經理的 14 年間，臺灣商務印書館年均贏餘僅 9 萬元；1964 至 1979 年王雲五任董事長的 15 年間，年均贏餘 563 萬元；1980 至 1990 年他的後繼者執掌館務的 11 年間，年均盈利 1 878 萬元。從出書冊數

---

24 金耀基：《王雲五先生之人間壯遊》，載臺灣《聯合報》1979 年 8 月 23 日。

看，王雲五統轄館務期間，年均出書 1 554 冊，其中新版書占 39%，台一版書占 61%。他的後繼者執掌館務 11 年間，年均出書 465 冊，新版書占 99%強[25]。在臺灣商務印書館發展史上，王雲五是繼往開來的關鍵人物。他的後繼者得以繼續發展台館業務，很大程度上是享了他的餘蔭。尤其值得一提的是，商務印書館影印整套《四庫全書》的宏偉計畫，經過 70 餘年周折，終於在臺灣商務印書館總經理張連生手中完成。當年，張元濟、高夢旦切望影印整套《四庫全書》，但心願未遂，幾經努力，終於以印行《四庫全書珍本初集》揭開序幕。王雲五多方籌畫，將《珍本》出到第五集。張連生為了了卻商務前輩們未遂之心願，打通多重關節，獲准全套影印臺灣故宮博物院收藏的文淵閣本《四庫全書》，動用數十人，歷時三年又半，影印成全套《文淵閣四庫全書》，裝訂成 1 500 冊，另編輯目錄索引 1 冊，共 1 501 冊，每套書重達 2.36 噸，而且出版不久即全數售罄。這一宏大的出版工程終於如願以償，對於弘揚中華傳統文化，作出了特殊的貢獻；對於臺灣人民和海外僑胞更深刻地認同和瞭解祖國古代燦爛文化，也起了深長久遠的影響。

參與主持多項基金會工作，開獎助文化學術風氣之先。捐贈藏書與家產，創建雲五圖書館，惠澤學界精英。文教兼職七、八項，認真務實。

除了在政大政研所任教和經營臺灣商務印書館外，晚年的王雲五還有七、八項兼職，沒有一項是空掛虛名的，對臺灣的文化、教育事業作出了多方面的貢獻。

25　張連生：《臺灣商務印書館四十四年述略》，載《商務印書館九十五年》。

參與創辦文化教育基金事業，是其中一項具有開拓意義的貢獻。1960 年春，嘉新水泥公司委託臺灣《中央日報》社代辦中等學校獎學金，成立嘉新獎學金委員會，聘請王雲五、陶百川、胡健中、蔣堅忍、劉真、王亞權、林挺生、錢震、張敏玨、翁明昌為委員，眾委員公推王雲五為主任委員。嘉新獎學金初創階段獎勵四類學子，即現職軍公教人員子女、退役軍人子女、軍人遺族、社會上清寒青少年，設高中名額 600 人，每人每學期獎助 350 元新臺幣；初中名額 600 人，每人每學期獎助 250 元。此後，高中生獎助名額有所增加，初中名額取消，這是因為臺灣當局推行 9 年義務教育後，初中學生不需交學費，獎學金也相應取消。這項獎學金後來又擴大到大學本專科生和研究生。嘉新獎學金的設置，喚起社會大眾的關注，繼之而起的各類獎學金，如雨後春筍，企業、社會團體乃至個人捐款獎助學子，在臺灣蔚然成風，對於消除貧寒學生的後顧之憂、激勵優秀學生奮發進取，起到了良好的效果。王雲五主持嘉新獎學金委員會工作達 15 年之久，基本上每會必到，到必發言，還時常應邀到學校演講，在報上撰文，宣傳獎學金的激勵機制，鼓動企業和團體資助文化教育事業，激勵年輕人努力學習文化。為了照顧王雲五早起早睡的生活習慣，嘉新獎學金委員會開會大多安排在上午，會後必備酒菜，酒席間繼續聚談。1974 年，王雲五因身體狀況欠佳，平時又天天去臺灣商務印書館督理館務，沒有精力兼顧嘉新獎學金委員會事務，遂堅辭主任委員，獲准。同年 12 月該委員會討論決定，特製精美大理石碑贈送給他，作為表彰與紀念。碑文記敘了他的貢獻，並引用《詩經》中的名句，為之歌功頌德：

岫老王雲五先生以一身系學術風氣之重，凡有禆士林者靡不躬與，自嘉新水泥公司與中央日報社合作創設嘉新獎學金，先生即膺選委員會主任委員，籌畫措施悉賴折衷，……受獎大中學生都四萬三千餘人，獎學金至一千四百七十余萬元，人數金額與日俱增，信乎盛矣！先生主持其事閱十有五年，所以嘉惠學子楷模後進者，寧有涯哉！今先生優遊壽考，雖不復董理其事，而耄年大德，實為士林所瞻依，《詩》雲「高山仰止，景行行之。雖不能至，心嚮往之」，其此之謂歟！實至名歸，雲老當之無愧矣[26]。

王雲五還參與創辦了臺灣第一家文化基金會，並長期主持其事。1963 年 3 月 12 日，王雲五親自草擬嘉新文化基金會章程，嘉新水泥公司董事長迅速採納，並決定先期捐出新臺幣 1000 萬元，成立法人團體，預聘王雲五為該會董事長。5 月 29 日，嘉新水泥公司文化基金會成立，會址設在臺北市中山北路二段嘉新水泥公司內，王雲五任董事長，另 8 名董事為：羅家倫、楊亮功、胡健中、陳慶瑜、辜振甫、曹俊、張敏玨、翁明昌。嘉新文化基金會的獎項和獎勵辦法由王雲五籌畫，逐條親手擬定，提交董事會討論通過，其要旨為：第一，每年獎助約 700 名中等以上學校在讀學生。第二，每年設文史、政法、理工 3 名講座教授名額，分配給臺灣大學、政治大學和成功大學，應聘為講座教授者，每年各得 7.2 萬元。第三，獎助專題研究，其中包括承擔博士論文和部分優秀碩士生畢業論文的印行費用。王雲五對此大力提倡，擴大了高層次青年學子研究成果的社會影響，以促進文化學術的繁盛。第四，獎助優秀人才去海外研究深造，後來又在

---

26 詹世騧：《附驥瑣憶》，載王壽南主編：《我所認識的王雲五先生》。

這一獎項下增設特殊貢獻獎。1965 年 7 月 21 日在臺灣國賓飯店國際廳舉行首次授獎儀式，王雲五把獎狀和獎章頒授給著名旅美物理學家吳健雄博士，她的主要學術成就是推翻宇稱定律。吳健雄博士當場宣佈，捐出所獲獎金，「用在鼓勵國內學術的用途上」。第二屆特殊貢獻獎於 1968 年 1 月 14 日頒贈，分別由陳大齊、吳大猷獲得。陳大齊以弘揚儒家學說、推進「文化復興運動」獲獎，吳大猷則因在原子物理學研究領域裡成就顯著而獲獎。第五，獎勵優良著作，具體方法也由王雲五手定，分為 6 萬元、4 萬元、2 萬元三等。1963 年 10 月，王雲五主持嘉新文化基金會優良著作首次頒獎儀式，他在會上對嘉新文化基金會給予高度評價，並呼籲社會團體積極為臺灣文化學術的發展提供捐助：「這是中國破天荒的創舉，它給中國文化界開闢了一個新紀元。我們可以說，這是對中國文化事業的一項最佳投資，這一項投資將永遠不會虧蝕，它的利息將永遠留在人間。我誠懇地希望這一項文化投資事業能夠日漸蓬勃，更希望有更多的人，更多的團體，也參加這一種為增進我們子孫福祉的事業的投資。[27]」

60 年代初，由私人企業發起的文化或教育基金會，在臺灣還是新鮮事物，中國人自己籌款設置的文化基金會，由臺灣的嘉新文化基金會開其端緒。這是一家私人企業，因此同時也開創了民間資助文化學術的先河。自此之後，臺灣民間捐助文化事業的風氣漸開，官方也相機撥款參與。繼之而起的文化基金會中，規模最為龐大的當數中山學術文化基金會。1965 年 9 月 25 日，在紀念孫中山百年誕辰籌備委員會第三次會議上，王雲五提議設立中山學術文化基金會，以獎助及

27　《自述》，第 1080 頁。

發揚有關孫中山思想的學術研究及文化事業[28]。經討論，決議成立中山學術文化基金會，由紀念孫中山百年誕辰籌備委員會一次撥給新臺幣 6 500 萬元，作為原始基金，推定王雲五、張道藩、徐柏園、何應欽、于斌、穀正綱、穀鳳翔、黃季陸、黃朝琴、謝東閔、陳可忠、李熙謀、羅家倫、郭驥、林挺生等 15 人為該基金會委員。在 10 月 5 日召開的中山學術文化基金會首次會議上，王雲五被推舉為主任委員。該基金會旋決定設立董事會，由王雲五出任董事長，張道藩、徐柏園為副董事長，阮毅成則擔任總幹事。

王雲五全面主持籌畫中山學術文化基金會的獎助事項與具體辦法，決定除獎助孫中山學術文化研究之外，還包括獎助研究生，設置大學及研究院所的講座教授名額，獎助學術著作和文藝創作（包括已立項但尚未出版的），資助技術發明、專題研究等項。按規定，這項基金只動用利息，每年約計 700 萬元，用於各類獎助。中山學術文化基金會為展開其規定的任務，在董事會之外又設立了六個審議委員會。王雲五以董事長身份授權各審議委員會起草審議細則與審議辦法，並一一親自核定。11 月 12 日，中山學術文化基金會舉行首屆頒獎儀式，王雲五擔任大會主席，作了長篇發言，介紹了中山學術文化基金會籌辦經過、意義及獎助辦法等，並說明每年 700 萬元獎助費的具體用途：「第一款各種獎學金之設置占 20%，每年約為 140 萬元；第二款大學及研究院所講座之設置占 10%，每年約為 70 萬元；第三款學術著作之獎助占 15%，每年約為 105 萬元；第四款文藝創作之獎助占 20%，每年約為 140 萬元；第五款技術發明之獎助占 10%，

28　阮毅成：《王雲五先生主持中山文化基金董事會的創變》，載王壽南主編：《我所認識的王雲五先生》。

每年約為 70 萬元；第六款專題研究之獎助占 10%，每年約為 70 萬元；第七款其他獎助占 10%，每年約為 70 萬元。[29]」此後，該基金會又作出若干規定：每年編印工作報告一冊（王雲五每年為之作序一篇）；1968 年起，每年出版《中山學術文化論文集刊》兩大冊（王雲五為每冊論文集刊作序，從不中斷）；名著編譯獎勵，以第二次世界大戰後的出版物為主（葉公超主持其事，有關譯著交商務、正中兩家書局出版）；編輯《中山自然科學大辭典》（李熙謀、鄧靜華、易希陶三人主持其事，各有關學科專家學者參與，由臺灣商務印書館出版）。

嘉新文化基金會由私企資助，為臺灣第一個文化基金會；中山學術文化基金會由官方撥款，在當時是臺灣最大的文化基金會。這兩個基金會的創設，王雲五都發揮了重要作用，並長期主持基金會工作。他一貫認真務實的工作作風，以及在臺灣文化學術界元老身份所具有權威影響，對推進這兩個基金會的工作，擴大其社會影響，乃至帶動臺灣實業界、團體和個人資助文化教育事業的風氣，都起了積極的作用。

以王雲五命名的基金會肇始於 1967 年 10 月 1 日，即雲五獎學基金會之設立，基金 100 余萬元，用於獎助大專院校成績優秀而家境清貧的學生。雲五獎學基金會由孫科擔任董事長，劉崇齡等 15 人為董事，該基金會設創時間雖較早，但到 1976 年才正式獲准登記。雲五獎學基金會的基金並非來自于王雲五本人的捐款，而是多方集資。用「王雲五」三字給基金會冠名，意在紀念王雲五對發展臺灣教育事業

29　王雲五：《基金會與學術文化》，載臺灣《出版月刊》第 2 卷第 7 期。

所作出的貢獻。

以王雲五本人財產為主成立的文化慈善機構，乃是雲五圖書館。王雲五何時產生這一設想，他自撰的傳記沒有明確提及，他的親朋好友和臺灣記者也不甚清楚。從他去世後，於 1979 年 8 月 22 日由陳寬強律師代為發表的第二份「預立遺囑」看，在 1972 年 3 月之前，他已決心將私人藏書、個人寓所和存款悉數捐出，建立圖書館，服務於社會：

我辛苦一生，……來台逾廿年，薄有積蓄，已捐資產約值壹百伍拾萬元新臺幣及全部藏書約二萬冊，創立財團法人雲五圖書館。我的兒女皆能自立，對於我的遺產皆不存任何希望。我所存全部書畫及精印藝術品，分給諸兒女為紀念，由淨圃、馥圃及應文主持，以抽籤方式分配之。除上開分配外，所有全部剩餘資產連同身後各項收入，一律捐于財團法人雲五圖書館，由全體董事依該財團法人章程利用或將雲五圖書館擴充為雲五紀念館。新生南路十九巷八號房屋，於淨圃、馥圃去世後，即歸併於雲五圖書館或紀念館，並接受其所有權，惟保留新建之小樓房一幢，作為旅外兒女回國時暫住，其他各部分則供圖書館或紀念館利用。遺產處理人（即遺囑執行人）即以財團法人雲五圖書館董事會兼任之，基金董事長由陳寬強君擔任之[30]。

據這份「預立遺囑」，王雲五在他去世之前 7 年多，已決計捐出全部藏書和錢款，用於建立雲五圖書館，待其大妻淨圃、小妻馥圃去世後，再捐出新生南路的老住宅。留給其子女的僅書畫和精印藝術

---

30 臺灣《新生報》1979 年 8 月 23 日。

品，以及一幢新建小樓，供他們返台時暫住。1972 年 5 月 12 日，雲五圖書館基金會舉行第一次會議，由王雲五指定阮毅成、王德芳、周道濟、徐有守、傅宗懋、王壽南、曾濟群、張連生、徐應文、陳寬強為董事，王雲五本人任董事長，以他的學生陳寬強為副董事長。不久，董事會又增加 3 名董事，即邱創煥、陳水逢和王學善。

王雲五決定捐贈藏書與資產建立圖書館的消息披露後，在臺灣傳為美談，記者紛至遝來。王雲五對著名女記者胡有瑞說：「近來身體多病，寫作和練字都停下來了。年紀大了，恐怕將不久于人世，這些書，一定要安排好，及時奉獻於社會。預先不作安排，有朝一日這些書輕易地失散掉，豈不可惜？」當記者問他，為什麼還要捐出存款時，他沒有直接作正面回答，而是先談了存款的來源：「當官是絕對積不下錢的。我退出政壇時，可謂兩袖清風。做了商務印書館董事長後，經濟情況逐漸好轉，股息、紅利、版稅源源而來，幾年下來就積聚了 100 多萬元。錢留在身邊沒有用，取之於社會，應該還之於民。」

1972 年 6 月 20 日，雲五圖書館在臺北登記，其基金來源為，王雲五本人捐資 100 萬元，其子王學政、王學善捐出華國出版社兩合公司股票，面額價值為 11 萬元（實際折價遠高於票面金額），政大政研所歷屆學生合捐 15 萬元，商務印書館董事會出資 40 萬元。按王雲五本人設想，用基金的利息維持圖書館用人費及日常開銷，餘額購添新書。雲五圖書館於 1974 年 10 月 2 日起正式對外開放，館址設在新生南路三段十九巷 3 號，占地五十坪，地上一層闢為圖書室和閱覽室，地下室收藏雜誌，並設置陳列室。圖書館藏書 2 萬餘冊，另有

35 種雜誌期刊，均是王雲五平時所訂閱的，大多已連續訂閱 20 餘年而完整無缺，其中自創刊到圖書館開館之日完整無損者 6 種。雲五圖書館逢節假日不開放，平時週一至週六下午 1 至 7 時對外開放，公開借閱，不收費，不能外借的書是線裝的善本、孤本及珍貴的參考書，以及 4 000 冊由作者簽名送給他的書。但是，「借書物件暫以各大學研究生及服務各機關有志研究人員為限」[31]。雲五圖書館剛開館的幾天裡，聞訊而來者勢如潮湧，門口擁擠不堪，但大多不合借閱條件，即使是攻讀人文學科的本科生也不被允許借閱書刊。王雲五嚴格規定借閱者身份，其原因有二，一是他所收藏的圖書大多屬中外名著和學術文化類讀物，原本適合研究生和研究人員閱讀參考，對普通讀者消遣性讀書用處不大。二是他平生酷愛讀書藏書，在有生之年不忍心看到自己長期收藏的圖書因廣泛借閱而受損汙。於是，他採取措施，有限度地對外開放，既滿足了他服務于社會的心願，又不使自己失去擁有「書城」的習慣心理。

1974 年以後，王雲五的精力大不如前了，除了斷斷續續撰寫編年體的《岫廬最後十年自述》外，不再從事大部頭著作的寫作，平時寫些感想、隨筆、序跋之類的文章。在讀書寫作疲勞時，他常常抬頭看望寓所正對面的雲五圖書館，既為之感到自慰，又為自己不再有精力利用藏書撰寫大部學術著作而傷懷。有時，半夜醒來，無法入眠，觀看夜幕中的圖書館，格外感慨，遂作詩填詞，抒發情感。1976 年 12 月 28 日夜間，他依《解佩令》詞調填詞一首，蒼茫悲涼之意，流露盡致：

31　臺灣《聯合報》1974 年 12 月 3 日。

四年抱病，午夜夢醒，把平生學行溯究竟。有限餘生，恨只恨，未能起勁。惜流光，寸陰是競。年年歲歲，逝水如斯，欲挽留水月花鏡。悵望前程，且寬解，聽天由命。覓歸途，夕陽掩映[32]。

　　雲五圖書館、嘉新文化基金會、嘉新獎學金委員會、中山學術文化基金會，主持或參與主持這4項文化基金會活動，已經夠忙的了，但王雲五還有其他多項文化活動的兼職，他是閒不住的人，他的名氣聲望也使他閒不住——文化學術界和臺灣當局都需要他出面，為官辦的或學界自發的文化活動增光添色。因而，除了參與基金會這類文化活動之外，王雲五還參與臺灣當局主持籌畫、具有一定政治涵義的文化建設活動。1967年7月，「中華文化復興運動推行委員會」成立，由蔣介石擔任會長，聘王雲五、孫科、陳立夫為副會長。同年10月，「中華文化復興運動推行委員會」設置國民生活輔導、文藝研究促進、學術研究出版促進、教育改革促進以及基金等5個委員會，王雲五兼任學術研究出版促進委員會主任委員。大凡臺灣當局使用「復興」兩字，往往含有特殊的政治指向，但那層特殊的含義，連蔣介石本人也早就失去了信心；「復興」的另一層名義，是在臺灣擴大中華文化的影響。在實際操作中，「中華文化復興運動推進委員會」所開展的工作，對臺灣的文化學術、教育改革還是起了一定促進作用的。由於兩岸交通阻隔之前，著名的文化人大多留在大陸，王雲五在臺灣文化界更顯得稀貴重要，由他兼任學術研究出版促進委員會主任委員，也就顯得順理成章了。王雲五兼任此職後，工作頗為努力，僅古書今譯而言，由他籌畫編譯注釋的古籍達數十種之多，其中包括諸子

32　《岫廬最後十年自述》，臺灣商務印書館1977年版，第1041頁。

百家學說和儒家經典十三經。谷鳳翔在《悼念王岫廬先生》一文中，對王雲五從事的這項工作予以高度評價，稱之為「不但對於經書典籍之整理與我國歷史文化精華之發皇，作出巨大之貢獻，抑且嘉惠青年學子，得免艱澀難解之苦，便利進窺古籍門徑，其後又編輯《中國歷代思想家叢書》，以淺現白話文介紹我國歷代思想家，使學術通俗化」[33]。古籍的整理與今注，對於臺灣文化的發展具有深刻的影響，不僅促進學術界對中華古籍經典的研究，而且使傳統文化中的部分精華實實在在地深入青年學子頭腦，擴大了在民間的影響。自甲午戰爭失敗以來，長期與祖國大陸缺乏文化交流的臺灣，切需多管道地認同中華文化。經過臺灣學界與部分政壇有識之士的多年努力，中華傳統文化較為有效地影響臺灣社會各層次，尤其使青年一代受到切實的薰陶。在「文化認祖」活動中，王雲五是有所作為的重要人物。不固守本位文化，以傳統文化為基本立足點，吸納外來先進文化，以適應時代的變遷，這是王雲五一以貫之的中西文化觀。他說：「中華文化必須不斷的創新，能夠創新，文化才有復興的希望，否則只求保守，文化必趨於沉滯而至於衰沒。……要從中華固有文化中，取精去蕪，加以不斷的發揚廣大和創新。」他提出的「中華文化與現代西方學術思想融合發展推行計畫」，在文復會上獲得通過。其後，王雲五按此計畫，主持編輯《中華文化叢書》，預定 5 年內完成 159 種書籍的編印任務，可惜他在 1979 年 8 月「一朝溘逝」，未能主持最後的編審工作[34]。

他的另一項文化活動，是參與主持臺灣故宮博物院的工作。臺灣

33　臺灣《中央日報》1979 年 9 月 2 日。
34　臺灣《中央日報》1979 年 9 月 2 日。

故宮博物院的家底，原是大陸故宮博物院中的精品。1933年，由於日本侵略勢力進入華北，國民黨將北平故宮部分珍品遷到南京、上海兩地；1937年全面抗戰爆發，這批文物又被遷往川、黔兩省；抗戰勝利後，又遷返南京。國民黨兵敗大陸之際，將這批故宮文物遷到臺灣中部的北溝。1952年7月，王雲五被推薦為「國立故宮中央博物院共同理事會」第二屆理事長（第一屆理事長為張敬齊），兩年一任，連任了7屆。有關臺灣所藏故宮珍品的第一種出版物為《中華文物集成》，共5冊，包括銅器、瓷器、書法、名畫、版刻，在香港印製。1955年5月出版《故宮書畫錄》，次年11月又決定編印6冊《故宮名畫300種》。1961年2月15日，該院精選臺灣故宮藏品253件，由美國軍艦啟運，在美國五大博物館展出，翌年7月返運抵台。此後，又在臺灣和香港展出故宮藏品。通過以上舉措，擴大了台藏故宮物品在台、港兩地的影響，向海外弘揚歷史悠久的中華文化。各項有關臺灣故宮藏品的舉措與活動，王雲五均親理其事，或參與其間，細心謀劃。由於北溝較為偏僻，而且收藏故宮珍品的建築物質量不高，致使部分藏品受潮。1965年8月中山博物院在臺北落成，北溝的故宮藏品隨即遷入，命名為「國立故宮博物院」，並改取院長制。8月21日，「國立故宮博物院管理委員會」召開首次會議，推選王雲五為主任委員，蔣複璁為院長。據首任院長蔣複璁憶述：「我因雲五先生的推薦，於是年九月由行政院聘任我為國立故宮博物院首任院長。……我所有工作都是陳明雲五先生，得到指示，然後辦理的。[35]」經由王雲五與蔣複璁等人商議，決定在辦好故宮藏品展出的同時，搞好研究與出版工作。為此，「國立故宮博物院」設置專門研

35　蔣複璁：《我所認識的王雲五先生》，載臺灣《傳記文學》第35卷第3期。

究機構，聘用研究員 5 至 7 人，副研究員 3 至 5 人。所辦刊物有《故宮通訊》，系英文雙月刊，介紹文物及院中動態，收錄有關講演稿；《故宮專刊》，系純學術刊物，中外文稿件皆刊用，中文稿附有英文摘要，外文稿有中譯文稿；《故宮週刊》，以介紹藏品為主，屬通俗性讀物，狀如報紙。臺灣故宮博物院還源源推出書畫印製品，王雲五獲得故宮書畫翻版在臺灣銷售權，生意很不錯，既傳播了中華文化藝術，又獲得了利潤。改為院長制後，王雲五以「故宮博物院委員會主任委員」的名義，仍主持有關會議，過問其事。1973 年，他一再致書蔣經國，說明衰病情況，力辭主委職，于同年 9 月獲准。

60 年代中期起，王雲五還兼任銘傳女子專科學校董事長、銘傳商業專科學校董事長，時常應邀前往發表演說。1972 年 8 月中旬，王雲五辭去這兩項兼職。60 年代中後期，他還擔任過「國父百年誕辰籌備委員會」副主任，該委員會主任委員孫科，另一名副主任委員張道藩。在籌備活動過程中，王雲五投入大量精力，並多次主持紀念孫中山誕辰百年活動。1969 年 6 月，蔣介石核定「中央研究院」第七屆評議員 36 人，分數理、生物、人文三組，王雲五列為人文組評議員。

主持或參與民間團體和官方組織的文化學術活動，成為王雲五晚年生活的一個重要內容。在不違背官方意旨的前提下，王雲五憑了他的社會聲望和認真工作的精神，對推進臺灣的文教和學術，做了不少有益的事情。

坐擁「書城」不服老，夜半起床勤筆耕。年逾古稀掀高潮，相繼

推出五巨著，日撰萬言稱「奇人」，一息尚存要寫作。宣說科學讀書法，淘沙見金珠成串。

　　淡出政壇後，王雲五進入他個人撰寫論著的高峰期，出版個人著作 20 餘種，發表文章近百篇，其中百萬字以上的巨著有 5 部，《岫廬八十自述》、《岫廬最後十年自述》，屬自撰傳記，旁涉學術、文化、教育、出版以及社會政治方方面面，從側面反映了近現代中國歷史嬗變的若干層次；《商務印書館與新教育年譜》，是一部較為完整的館史資料，對於後人研究近現代中國出版與教育事業的發展，提供了寶貴的素材；《中國政治思想史》、《中國教育思想史》，則是兩部學術巨著，各有 200 余萬字。

　　「博而不專」，沒有個人的學術專著，令樣樣不服輸的王雲五耿耿於懷。他幾度想關起門來潛心進行學術研究，出幾部傳世之作，但久久未能如願，他的興趣太廣泛，精力太分散，隨著他名聲越來越響亮，數十年間忙忙碌碌，閉門寫作實際上是不可能的。辭去政府職務之初，他再度產生閉門寫作的念頭，但他不忍心眼睜睜地看著臺灣商務印書館走向窮途末路，又將主要精力投放於館務整改和籌畫出版事宜。到 1968 年春，臺灣商務印書館已進入良性迴圈，他的學生徐有守、周道濟先後為他分擔商務印書館的編輯和管理工作，他得以騰出精力，開始進入他數十年來夢寐以求的學術著作寫作生涯。這時，他已經在政大政研所任教 10 餘年，由於長期開設中國政治制度研究、中國政治思想史課程，對有關古籍十分熟悉，而且積累了許多教研體會，遂決定首先撰寫《中國政治思想史》。他從目錄學著手，很快就整理出最切合寫作需要的圖書資料，於 1968 年春夏之交開始伏案寫

作，同年 9 月 8 日即完成《中國政治思想史》第一冊《先秦政治思想》，並為之作序，說明寫作體例與寫作特點：

關於寫作體裁，務求客觀。為達此目的，輒於研究某一政治思想家時，先選定最可靠之著作版本，連續一二遍，求解以外，摘取其中有關政治之資料，再按廣義的政治學，區分細目，以類相從，既使散者集，復期系統化；然後依序敘述。敘述時，首列所摘資料，必要時附加注釋；繼則綜述大旨，間殿以一己之論評。除論述出自個人意見外，自然無一語不本於所論述思想家之原著，一方面力戒武斷，他方面避免附會。

該書此後各冊，均按上述體裁撰寫，進度極快。1968 年 12 月 25 日，第二冊《兩漢三國政治思想》脫稿。1969 年 3 月 10 日，第三冊《晉唐政治思想》脫稿。6 月 6 日，第四冊《宋元政治思想》脫稿。9 月 12 日，第五冊《明代政治思想》將印畢，作序。12 月 30 日，第六冊《清代政治思想》脫稿。1970 年 3 月，第七冊《民國政治思想》脫稿，全書 220 萬字告成。平均 3 個月不到寫完一冊書稿，220 萬字的巨著，前後歷時總共不到兩年。每一冊書稿完成後，都有自撰序言。在第四冊《宋元政治思想》的序言中，王雲五自述了埋頭苦幹的情景及動力：

餘年來每日工作十四、五小時，其消費於書者不下半數。時促事冗，錯漏自知不免；粗製濫造，則吾豈敢？顧不欲從容著作者，欲罷不能；且自覺為日無多，不願多擱也。

在接受記者胡有瑞採訪時，王雲五說：寫作猶如搞建築工程，必

須預先擬定進度表，竭盡全力按預定進度寫作。在撰寫《中國政治思想史》期間，他每星期檢查一次寫作進度，若滯後於計畫，下星期務必設法追補上。他自稱《中國政治思想史》是「留給世人的一份紀念」。為了如期完成這項浩大的工程，他每天凌晨 3 點左右起床——王雲五認為，後半夜起床寫作，環境幽靜，頭腦清晰，效果特佳——起身後，燒水沖茶，煮個雞蛋或下一碗餛飩，用過早點便伏案寫作，間或稍息，在室內外踱步十幾分鐘，再回到書桌邊，一直寫到上午八、九點鐘，然後外出參加各種社會文化活動，或去商務印書館工作，晚上 7 點便上床睡覺。除了必要的社交應酬和社會文化活動，放棄一切娛樂活動。他對影視歌舞、遊戲玩樂不感興趣，認為沉湎於消遣性娛樂，無異於浪費生命。他說，近 20 年來只看過三次電影，一次也沒有看完。自從投入《中國政治思想史》寫作後，能推卻的社交應酬便不再去應景了。83 歲的王雲五還對胡有瑞等記者談了自己的學術著作撰寫計畫：「八十四歲完成中國經濟思想史，八十五、六歲完成中國法律思想史，八十七、八歲完成中國教育思想史。」他壯志滿懷地補充道：「到了日本人所稱的八十八米壽，我還有時間的話，還要寫一部中國的哲學史，希望能寫到九十歲。[36]」晚年的王雲五把「流芳百世」看作人生價值的體現。他認為，碌碌無為地虛度光陰，猶如螞蟻終生忙碌，毫無意義。人生的價值要真正得到體現，靠的是傳世之作所產生的歷史穿透力：

　　吾人生息于大地上，有如螞蟻之于大垤中，若進而談宇宙，更微不足道，其比例自遠較螞蟻之於大垤為渺小，然螞蟻自生自滅，生時

36　臺灣《中央日報》1969 年 9 月 18 日。

只為營生，死時卻真寂滅。人類則固有流芳百世，或遺臭萬年者；無他，文字記錄為之也[37]。

這種「唯名是崇」的人生價值觀，顯然有失之偏悖之處。但它出自一位鼓足勇氣向學術殿堂攀登的八三老人之口，其不服老、決意作最後拼搏的精神，還是很為感人的。83歲的老人開始撰寫其一生中第一部學術著作，這在古今中外治學史上，或許是沒有先例的；在此高齡階段，用不到兩年的時間寫成220萬字巨著，更是聞所未聞的奇人奇事。通常，人文科學的研究人員，到五、六十歲便感到精力不濟，學術研究逐漸走下坡路，甚或不再拓展研究領域，進入吃老本、「述而不著」的階段。不服老，才能不老。王雲五不服老的精神，以及由此產生的苦幹實踐和學術成果，似乎可以證明：人的潛力是很大的，只要有自信，不服老，就能夠發掘出許多深藏的潛力；反之，自以為老了，也就真的老了，不老也老了。

八十開外的王雲五開始撰寫學術巨著《中國政治思想史》，在臺灣學術界引起了轟動，也受到學界同人的廣泛關注。每一分冊出版，皆有專家撰文評介。首冊《先秦政治思想》甫經問世，政治大學馬起華教授即撰文給予好評：先秦的思想家，往往同時又是經濟、社會、教育、法學各方之家，當代學者要弄通先秦一家之言已經不易，要做到縱橫結合，融會貫通歷代思想家更是難乎其難，王雲五的高明之處，在於能夠「從每一位思想家的理論體系中，挑揀出政治思想的部分，取精用巨集，條理井然」。馬起華教授認為該冊特點是：體裁別致，分類精當，考訂詳實，解析至嚴。《中國政治思想史》全書告竣

---

37 《岫廬最後十年自述》，第304頁。

後，王雲五的得意門生周道濟撰文，為之推介，1970年7月載刊於台版《東方雜誌》上。周道濟認為，該著作敘述中肯，態度客觀；分析入理，綱舉目張；綜合研究，慧眼獨具；下及民國，內容最新；包羅百家，堪稱巨構。最顯著的特點是章法允當，取材博洽。即不糾纏於六家、九流的傳統分類，而是以各個思想家為獨立單元，每一章敘述一位思想家；所收人物，政治家兼政治思想家者為數頗多，如管子、諸葛亮、李世民、魏徵、狄仁傑、張九齡、陸贄、范仲淹、王安石、王守仁、張居正、林則徐、曾國藩、李鴻章、孫中山等。此外，該著作所據版本精良可靠，疑辭難句附有注釋。

《中國政治思想史》以人分章，一人一章，因而如何選取人物至關重要。王雲五選取人物的標準是，非選不可的重要思想家一個不漏，選、棄兩可之間的，盡可能不與同類著作重複。譬如林則徐，有關著作論述其愛國行為極詳實，而對其政治思想的分析大多較單薄，王雲五認為，林則徐的言行，是他固有政治思想的必然反映，專列一章，盡力發掘資料，從政治思想家的角度予以述評。又如晉代的思想家傅玄，其他書中或忽略不提，或輕輕帶過，王雲五則認為他是中國最早提倡人口調查的學者，對中國政治有特殊的貢獻，應該列入。為此，王雲五廣泛搜羅資料，寫成2萬餘字的稿子。王雲五還認為蕭何是漢代著名的政治思想家，原本想列入專著，但尋遍典籍，未發現其本人傳世之作，只能暫且作罷，他表示以後一定要設法補上。然而，特點未必等同於優點，特點往往反映出優長與不足兩個方面。王雲五從先秦到民國挑選93個政治思想家，展開各別的論述，固然便於就具體人物有關的政治思想展開鋪敘，可以避開傳統學術理論的約束。

但是，這種寫作方式，難以顧全政治思想的源流關係，影響論析的厚度深度。譬如，《先秦政治思想》這冊書中，王雲五避免對儒、道、法、墨等諸子學派進行綜合分析，但對各個人物進行評論時，不得不提及諸子學說，又拘泥於自設的體例而不便展開，不免有浮淺粗糙之處。也正是由於全書將人物割裂開來研究，因此歷史資料得以自如地選取，較為豐富，而作者本人的論析就相形單薄了些。儘管有這些欠缺，作為一種新的研究方法，從新的角度展開政治思想史研究，對於面面俱到的研究方式而言，畢竟有其清新之處。

《中國政治思想史》這部巨著劃上最後一個句號之後不久，王雲五又手不停揮，進入《中國教育思想史》的寫作。1970 年 6 月 10 日，他對台報記者郭芳政說：「我正在著手寫一部中國教育思想史，大約二百萬字，預計明年年底完成。這部書的第一冊《先秦教育思想》已經出版，第二冊正在排印中。[38]」由此可知，《中國政治思想史》殺青還不到 3 個月，他又完成了《中國教育思想史》第一冊《先秦教育思想》。此後，該著作各分冊源源而來：1970 年 8 月下旬，第二冊《漢唐教育思想》排印畢。1971 年 2 月 4 日，第三冊《宋元教育思想》告竣。5 月 5 日，第四冊《明清教學思想》完成。7 月 10 日，第五冊《革新時代教學思想》成稿。12 月 1 日，第六冊《中國歷代教學思想》作序畢，全書寫成。

他仍堅持「工程進度法」，拼著老命寫作，在預定時間內完成又一部 200 余萬字的學術巨著。據其「終生計畫」，還有中國經濟思想史、中國法律思想史和中國哲學史三部學術巨著尚待撰寫。這時，在

38　臺灣《大華晚報》1974 年 6 月 11 日。

臺灣商務印書館任總編輯的周道濟博士力勸他寫館史，並一再陳說，惟有他這樣的「元老」才有資格和能力完成這一意義重大的寫作工程。經過反復思考，王雲五決定擱下純學術著作的寫作，化了近兩年時間寫成《商務印書館與新教育年譜》。完成三部巨著共 500 余萬字的同時，王雲五擠出時間，撰寫了數十篇學術論文、時政文章和序跋。1968 年至 1973 年，近 6 年時間內，王雲五完成約 600 萬字文稿，還支撐著參加各類社會文化活動。過度勞累，加上不可抗拒的自然規律，他的健康狀況大不如以前了。另三部學術巨著的寫作計畫一直縈繞心頭，但他再也沒有餘力投入學術巨著的寫作。但他閒不住，還要寫，鼓起最後的勁頭，寫成《岫廬最後十年自述》。該書以時間順序記事，顧不上按事件分類敘述，結構較為稀鬆，反映出他精力已散，遣詞造句不再講究，筆力呈現疲軟態。

此後幾年，血壓高、心臟病時時困擾著他，白內障也漸趨嚴重，視力下降，但他仍抱定「一息尚存，要讀書、要寫作」的人生態度，仍然不斷發表各種文章。字跡顫抖潦草，編輯無法辨認，王雲五請侄子為他謄清文稿。直到去世前一個月，他還堅持為張元濟的作品撰寫序言。這篇為商務老同事撰寫的序言，用語精當，文質彬彬，堪稱佳作，凝集了他最後的精力，也凝聚了他對張元濟的友情。與他交往數十年的女記者胡有瑞寫道：「好強，不服輸，是他個性上的特點，年輕如此，老年似乎更甚。[39]」王雲五的晚年苦讀苦寫的生活，成為臺灣記者關注的長盛不衰的報導「熱點」，成為教育青年學子珍惜時光的活素材。他的讀書生涯，他的「書城」，一覽無餘地展現在讀者眼

---

39 臺灣《中央日報》1979 年 8 月 26 日。

前。他的臥室與書房相通，堆滿了書，桌子下、書櫥裡、地板上、書架上、壁架上、床鋪上、茶几上、過道邊，無一處不是書，除了窗戶外，書沿著三面牆壁，一直堆放到天花板。精裝的、線裝的、平裝的、英文的、中文的、自然科學的、人文科學的、中外雜誌、卡片資料，形形色色的圖書資料，緊緊密密地堆擠著。書以外的空間顯得極為窄小，「在這書堆的一角，安下一張小床，一張並不很大的書桌，一把安樂椅，和另一張大椅子」[40]。熱情好客的王雲五，喜歡讓來訪者參觀他的「書城」。來客多時，只能沿著狹窄的過道魚貫而入，在有限的空間裡「坐立不安」，體驗著「書城」帶來的苦與樂。這時，王雲五分外得意，還會特地向客人介紹，他單人床頭上懸掛著的一副對聯，出自清朝錢南園的手筆：「位置皆宜無雜品，收藏極富只諸書。」以此自喻自勉[41]，時而流露出自我誇耀的神態。

在做學問上，王雲五從一門學問轉到另一門學問，涉及多種表面沒有聯繫的學科，居然門門鑽得通，時有精彩的議論、獨到的見解。這可歸因於他青少年時代到晚年，一直以讀書為樂，博覽群書。他說：一個人產生了讀書的興趣，才能體會到讀書的樂趣；以讀書為樂者，還要善於讀書，才能使學識精進。在臺灣，人們為了勉勵年輕學子刻苦讀書，常以王雲五的讀書生涯和讀書精神為榜樣，王雲五苦讀成才、成才不忘讀書的一個個小故事，在臺灣廣為流傳。其中一則佳話幾乎家喻戶曉：一位戶政人員到王雲五家，為他辦理身份證登記事宜，填到「教育程度」一欄時，王雲五笑道：「識字，你就填識字好

40　石剛：《王雲五老平明讀書》，載臺灣《自由談》第 10 卷第 4 期。
41　臺灣《大華晚報》1970 年 6 月 1 日。

了。[42]」王雲五在青少年時代只接受過 5 年教育，而且不是正規的中、小學，「教育程度」一欄確實不好填。用「識字」代替學歷，是無奈中的幽默，未見得有多少深刻含義。記者們大肆渲染這類故事，借此樹立榜樣，勸勉年輕人，不怕挫折，自強不息，終能成才，終能有所作為的。

王雲五認為，既然書是知識的寶庫，好奇又是人類的天性，理應人人喜歡讀書，只是由於有些人少年時代處於強迫讀書的環境之下，反而產生逆反心理，失去了主動讀書的本性；另一種情況是讀書方法不對，體會不到讀書的用處，於是原有的讀書興趣消失，以致看到書本就生出厭倦的情緒。為此，他寫過多篇文章，談如何讀而不厭，讀而有味，讀而有用。在《漫談讀書[43]》一文中，他從五個方面談讀書心得，藉以教導年輕學子：

第一，為什麼讀書？書本知識包羅古今中外無數優秀分子精神產品的精華，讀者付出很少的代價，便能享受縱橫數萬里、上下數千年的人類智慧結晶，何樂而不為呢？

手執一卷可以上對邈古的哲人，遠對絕域的學者，而仿佛親聆其以言詞吐露畢生思考的心得。這樣的收穫，真可謂便宜之至。他人藉手工或機械造成的物質產品，我們除支付其物質部分的書籍代價外，都可以無條件盡情享用。物質產品的效用有限，精神產品的效用無窮。

---

42 諸葛黛：《曠世奇才王雲五》，載香港《新聞天地》第 1646 期。
43 王雲五：《漫談讀書》，1951 年 11 月為臺灣《學生》半月刊作。

第二，讀什麼書？在校學生必須多讀課外補充讀物，以彌補教材知識之不足。對於有志于研究的大學生，以及工作後要讀書的人來說，首先要瞭解圖書分類學與目錄學，並善於利用，這樣才不致步入書海而茫然失措。

圖書分類法無異于全知識之分類，而據以分類的圖書即可揭示屬於全知識之任何部門。因此，要想知道應讀什麼書，首先要對全知識的類別作鳥瞰的觀察，然後就自己所需求的知識類別，或針對取求，或觸類旁通。

第三，怎樣讀書？精讀，必須圍繞研究主題，或有明確的讀書目的作先導，做到勤查工具書，分類編制卡片。略讀，對於外文書及譯本，通常讀第一句，便知曉整段大意；對於中文書，看書前面的序言和目錄索引，便可知其概要。但一目十行式的略讀法，未必適用于一般讀者，因而略讀通常可理解為快速閱讀，以領會其大意為要旨。

我國所謂可以一目十行者，實因讀書已有經驗之人對於書本所載，一瞥之下便可知其大意。但此非盡人辦得到。然而書籍既有精讀與略讀之分，在讀書的經驗不深者，其對於應行略讀之書未必能一目十行。因此，其所采的方法，在我國向來只是盡速閱讀，得其大意，則不必細細推敲。

第四，何時讀書？王雲五認為現行寒暑假太長，使學生荒廢學業，容易濡染社會不良習氣，因此要研究切實方法，使學生得以利用假期自習與讀書。對於有讀書自覺性的人而言，再忙再累總能擠出相當多的時間讀書。他以自己的讀書生涯為例：從少兒時代起求學機會

就很少，年紀很輕就開始工作，但幾乎每天能騰出時間讀書，數十年如一日。

我因此深深體會，一個人只要有志於讀書，斷沒有騰不出時間的，於一日二十四小時之中，除去睡眠、飲食時間至多不過十小時，工作時間至多也不過十小時，每日最低限度當有四小時可以讀書。

第五，怎麼讀而不厭？求知既然是人的天性，讀書原本不會有厭倦之感。但是，泛泛而讀，使人產生不著邊際的感覺，長此以往，便會覺得讀書無用，而不讀有用之書了。因此，王雲五提倡中等以上學校的學生，應該在成年人指導下選擇研究專題，就像大學畢業班學生撰寫畢業論文那樣。針對主題讀書，即使費大力尋索資料，也樂在其中。

照此辦法，一來可以多讀書，二來可以組織思想，三來可以練習文字，而多讀書的習慣能由此養成。……如果得不到相當資料，正如饑思食，渴思飲，其欲望之濃厚可想而知；如果得到相當資料，如淘沙得金，其愉快可想而知。經過這樣一番的訓練，則讀書的興趣，定必油然而生。

在《讀書十四法[44]》一文中，王雲五認為，除了為消遣而看書的「閑讀」之外，凡有目的地看書，務必要講求閱讀方法。他結合自身體會，將讀書的目的和方法歸納為 14 項：

一為立志，即讀書求知的根本目的。讀書若為了學做聖賢，目標

---

44 王雲五：《讀書十四法》，1952 年 11 月作，曾載臺灣《讀書常識》雜誌。

太高，不免蹈於空虛。企圖通過讀書，追求黃金屋、顏如玉，則價位太低，不免淪於卑俗。「我認為讀書動機應以充實人生為主。蓋學問的寶藏，先民努力的成果與時賢研究的結晶，均藉此而保存、而流沛。讀書便是利用此種寶藏，並由此而促進讀者自己思考與努力之成就，凡此對於人生皆有充實之效用。……讀書者如立志藉以充實人生，則小之對己身，大之對社會與國家、世界，皆無不適用」。

二為奠基，即打好讀書的基礎。讀書的基礎第一項是語文，包括識字、辨名、文法三種；第二項掌握主攻科目的相關基本學科，例如，「研究心理學，須有生理學、神經學與統計學為基礎」，「研究政治學，須有歷史學、經濟學、地理學、社會學為基礎」，「如果基礎沒有奠立，而遽然進讀各主科的書籍，自不免有事倍功半之虞」。

三為選題，包括選擇專題與書籍兩項。「讀書要能提高興趣，莫如集中一個問題從事研究」，進入專題後，則必然會主動搜集各種相關資料，而且會根據研究需要調整閱讀方法，「對於精讀、速讀與摘讀三種書籍勢必遍嘗」。

四為循序，即有計劃、有條不紊地讀書。這種循序漸進的讀書方法，「表面似緩進，實際則系穩進」，如若貪多求快，不顧秩序地讀書，必如孔子所言「欲速則不達」，或如孟子所言「其進銳者其退速」。

五為明體，即讀一書必先明其大體。書的大體包括學術流別、作者立場、時代背景。例如，「讀經濟學之著作，不宜盲從一家的結論，而須旁征博采，互為比較，庶可獲一公允之結論。此與數學之具

有一定的公理者迥不相同，此又與明體有關者也」。

六為提綱，即利用好書籍的提要。為此，應留心閱讀文摘類的圖書提要，仔細閱讀書的序跋，以明瞭有關書籍的內容與價值。

七為析疑，即剖釋疑義。讀書過程中要學會懷疑與辨析。但並不是事事處處加以挑剔，「就是對所讀的書，就其所提倡的理論與方法，認真思考，不是無條件接受」，「析疑之道，除利用種種工具書外，尤須旁征博考同類的著作，互相印證」。

八為比較，「比較是就同一書之各種版本比較其內容，或就同類書若干種比較其主張、敘述或文體等」。持論不同，側重點必然也不同，尤其經濟類的書，主張關稅保護政策與提倡自由貿易的著作，都言之成理，讀者便要比較其觀點、資料與論述目的、方法等。記史敘事之書，也未必可全信。就正史而言，後代為前朝修史，多隱其弊。研究人物，則自述、年譜之類的書必須作為重要依據，與他人述評作比較。

九為專志，即專心致志地研讀。這是研究性讀書所必備的功夫，但前提是選書恰當，以免徒費精力。「專志精讀之書，須抉擇得宜，否則所努力者不免落空」。

十為旁參，即精攻一門，要旁及其他學問，「指從側面加以參證之意」。王安石曾說「讀經而已，則不足以知經」，唯有通讀百家諸子之書，並交往農夫女工，對於儒家經典才能「知其大體而無疑難」。今人讀書做學問，也要博覽眾書，深入瞭解社會。

十一為耐苦，即處於貧苦逆境，越發要讀書求變。「古往今來許多讀書成名之人都是從窮苦中力學」而成才的。李光地說過，富家子弟不知愛惜錢物，「唯辛苦成家，便一草一木，愛之護之。讀書從勤苦中得此滋味。自然不肯放下」。王雲五發揮道：「此與我自己所體會者，得之易失之亦易，得之難失之亦難，同一主張，尤足為富家與早慧子弟當頭一棒也。」

十二為持恒，即持之以恆，堅持不懈。讀書切不可淺嘗輒止，見異思遷。誠如曾國藩所言：「有恆則斷無不成之事，無恒則終身一無所成。」

十三為鈎元，即標明或摘寫書中要點。可以用各種顏色的線、圈、三角等符號，在書中標記重要內容。最好做些讀書劄記，摘抄最有用、最精彩的句子段落，並寫下自己的體會。

十四為備忘，即自製卡片、索引等，以備日後查用。凡看到書中某些章節，或雜誌中某篇文章，將來可能有參考價值，應當立即記下書名及頁數或刊物卷號期號，製成卡片，分類存放。王雲五說，他本人曾積累卡片數萬張，對學問長進大有裨益。

對於古籍的研究與使用，王雲五也深有體會，他在 1947 年便作過《舊學新探》的演講[45]，去臺灣後又將此演講記錄稿整理，收入論學專著。他認為研究舊學，讀書方法尤為重要，「舊學向稱浩如淵海，因此正想研究者往往望洋興嘆，已有相當研究者益神秘其說，使徘徊岸畔者不敢問津」。只要消除畏難心態，使用正確方法逐步深

45　王雲五：《舊學新探》，1947 年 6 月為臺灣「中央大學」所作的講演。

入，研讀古籍其實並不困難。他列舉了研讀古籍的 6 種體會與方法：

首先，高處俯瞰。從目錄學著手，瞭解有關古籍大致情況，通過摘卡片、作比較，知其價值大小，然後選讀最有用最有價值的書。

其次，細處著眼。留意書末索引與參考文獻，知其所依據資料，選摘有用的文獻資料，循此查閱有關書籍。養成此良好研讀習慣，不至於為研究某一專題而臨時檢書，茫無頭緒。

其三，淘沙見金。比較各類古籍，去粗去偽，淘汰品質不高的書，選取可靠而與研究專題相關的書看。

其四，貫珠成串。業已收得的資料如散在的珍珠，要有一根線把珍珠串起來，才能集中體現其價值。「這一條線就是歸納和論斷的工作」，線找准找好了，任何小題目都可以做成有根據的巨著。

其五，研究真相。搜集資料時應取客觀態度，不同角度的論述與資料都要摘取，才能從多方面進行比較，擇優研究，使結論接近真相。專持某一方面資料，研究結論不免以偏概全。

最後，開闢新路。古籍研究成果比比皆是，要推出新的研究成果，需要開啟思路，不落俗套。

在各種讀書與做學問的方法上，王雲五最強調的是掌握目錄學，由此入門，才能找到成功的捷徑。他本人對版本目錄學研究有素，了然於胸，對於每個向他求教的青年學子，都首先從目錄學著手進行指點。他對於掌握目錄學的重要性，曾在《怎樣略讀和摘讀》一文中作

過極為生動的論述：

我國舊學向稱浩如淵海，西洋新學更是博大無邊。於是要想博覽各科名著者往往望洋興嘆。其實海洋雖大，汽船豈不是航行自如？甚至天空中，上下前後，一片茫茫，飛機亦得航行無阻，無他，賴有指南針之發見而已。圖書的指南針非他，我國的目錄學和西學的圖書分類法是也。

至於讀書的環境，王雲五認為並不重要，一個人只要對讀書發生了濃厚的興趣，什麼地方都可以利用為書齋。1958 年，王雲五在臺灣「考試院」當官期間，他說自己有好幾個書齋：「內書齋」是他的臥室，貯藏平日需用之書，到處堆滿了書，家人不許動；「外書齋」是寓所內的大客廳和飯廳，客廳兩壁和飯廳一壁專放書架，可隨手取閱；「疏散書齋」是他的兩間辦公室，後邊一間三面貼壁處都是古籍的善本和孤本，前面一間的兩壁也以書為牆。無論在家裡還是在辦公室，他總有機會閱讀各種書籍。儘管他對「坐擁書城」很感自豪，但他認為擁有豐富的藏書，目的是為了看書，一卷在握，有書便是書齋，書齋的形式並不重要。因此他特意表白：「我對於書齋沒有什麼情趣，只是對於書本具有深厚的感情，真是每日除了吃飯睡覺和工作之外，沒有一刻肯離開它。因為對於書齋沒有什麼情趣，所以不擇環境，隨時隨地，有書便成書齋。[46]」

王雲五把他的讀書生涯分為兩大段，少兒時代和青年時期是無目的地濫讀書，進入壯年後，歸結出科學的讀書方法，並注意圍繞專

46　王雲五：《我的書齋》，1958 年春為臺灣《自由談》月刊作。

題，選有用的書讀。他認為，濫讀書總比不讀書好，至少對提高文化修養是有好處的，但在學以致用方面會吃大虧的。讀書方法得宜，專題針對性強，則容易早出研究成果，成為專家，乃至學問上的大家。抗戰時期在重慶，他便時常應邀去學校、團體、機關，演講讀書方法。到臺灣後，他所宣講的讀書方法，撰寫的讀書心得，數量就更多了。有關讀書的演講文章，常穿插他本人的經歷和體會，頗為生動，而且涉及層面廣，論述深入，使聽者獲益，讀者有所感悟。提倡多讀書，讀好書，科學地讀書，讀書致用，也就順理成章地成為王雲五社會文化活動的一個有機部分。

第十三章

「學界奇人」的最後歲月

「避壽」不成，三次盛大壽慶轟動臺北。病痛纏身猶筆耕，詩詞抒懷，憶往昔歲月。商務舊情結縈繞於懷，作跋文深情懷念張元濟。九二老人溘然謝世，長眠淨律寺佛教墓園。

寫作高峰期過後，王雲五仍保持著早起的習慣，起床後或寫文章，或作詩填詞，到晨光熹微時，他便手握拐杖，外出散步，呼吸清新的空氣。清晨散步的地點大多在附近臺灣大學校園內，他習慣身穿灰色長袍，腳踏布鞋，輕鬆地漫步一小時，然後走到台大校門外右側的大華餐廳，要一籠廣東包子，加上一、二碟小菜，作為正式早餐，回到寓所一般是 8 點左右，如沒有必要外出，便開始讀書。8 點以後的讀書，屬於休閒生活的內容，隨手翻閱，間或小憩。閱讀古人的筆記小說，他視之為最輕鬆愉快的休閒，樂趣在於體驗筆記小說中的味道。他在世的最後幾年，每天僅能寫成一、二千字的文稿，心裡很焦急，時常為幾部無法完成的學術巨著憂愁。為了保證每天能寫些東西，加上長期養成的習慣已不易改變，他仍然趕早起身。利用一天中最佳寫作時間，盡力而為，直寫到手指不再聽大腦使喚。他猶如一架開動慣了的機器，一下子還停不下來，仍要順從慣性轉上一些時候。

許多臺灣居民很重視做壽，王雲五卻不以為然。在他看來，每逢生日做壽，便會使人覺得又長了一歲，或者說又老了一歲，也就是離死期近了一步。他不諱言死，時常與友人和記者談不懼死的題材，但他認為，沒有必要為了向著死期靠近而大肆慶賀。但是，政大政研所的歷屆畢業生，每當他們的「雲五師」生日來臨之前總要聚會宴慶，他不便拒絕。對外界，他則多次拒絕友人為他祝壽的建議。每逢生日來臨，他便找個隱蔽的去處躲藏起來，稱此舉為「避壽」。然而，他

的這一慣例，卻在 80 歲生日之時被打破了。

　　1967 年 7 月 6 日上午，很少為人祝壽的蔣介石突然來到王雲五家，向他道賀八十大壽。那時，王雲五像往年一樣在臺北市宏恩醫院「避壽」，用年輕時名字「王日祥」作掩護，友人均不知曉。長子王學理返台探親，正好在家裡，遂陪同蔣介石參觀了王雲五的書房和臥室，並如實告以乃翁「避壽」事。蔣介石沒有見到壽星，只得留下「弘文益壽」壽軸一幅，以表祝壽之意。蔣介石親臨王府祝壽一事很快就轟動了臺北市，得知此事的「王日祥」頃刻之間復原為王雲五，離開宏恩醫院，匆匆趕回家去。臺灣各界聞風而動。國立政治大學校長劉洪季率先倡議編印《王雲五社會科學大辭典》，得到學界熱烈回應，嘉新水泥公司也馬上表態，捐贈 100 萬元以助其成。私立輔仁大學校長於野聲與之呼應，發動該校哲學系師生編輯《王雲五哲學詞書》。7 月 8 日，孫科作為王雲五八十壽慶主持人，在臺北市中山同鄉會舉行盛大酒會，前往祝壽者逾 3000 人，陳列在壽堂中的祝壽詩文達 1800 多件。鬢髮如銀的王雲五身穿長袍，紅光滿面，忙於應酬，並興致勃勃地將出版不久的《岫廬八十自述》分贈給親朋好友。在氣氛熱烈的祝壽活動中，王雲五顯得格外興奮，他敞開宏亮的嗓門，大聲向來賓們談了他的生死觀，表示死不足懼，但生命要體現人生價值，有生之年要多為文化事業作貢獻，他說：「上帝讓我寫多少年，我就要寫多少年，如果上帝讓我活一百年，我就寫一百年。」話聲剛落，引來滿堂掌聲和喝彩聲，來賓們紛紛發表祝辭，以表敬慕之情，掀起一陣又一陣熱潮，據記者描述：「當一批批賀客流水般的向岫老行禮祝壽的時候，八十高齡的岫老由於太興奮了，滿身汗水濕透

了他的淺灰色長袍，他不住的搖著摺扇，愈發顯得仙風道骨，令人油然起敬。[1]」臺灣各報以及海外各地僑報，都用相當大的版面詳細報導了這次壽慶活動，有些報紙還介紹了王雲五生平主要業績。

八十高齡的王雲五神采奕奕，平均每日筆耕 5 小時以上，他「學如淵海」，老當益壯，……這早已成為臺灣家喻戶曉的美談，也是青年學子崇敬的對象。他那時看來老而彌健的身體，也引起了人們廣泛的興趣——他是怎樣保健的呢？經由記者的採訪報導，他的長壽「秘訣」和生活情趣也一一公諸於眾了。他一輩子不抽煙、不打牌、不跳舞，業餘生活平靜而淡泊，注意適度鍛煉身體，冷靜地對待麻煩事。他終身奉行不渝的五句格言是「野蠻的身體，文明的頭腦，積極的精神，平靜的思想，科學的處理」。他唯一的嗜好是喝上幾杯酒，平時不喝酒，通常在宴飲應酬場合才喝酒。他從不勉強別人多飲，但遇有他人敬酒則從不推拒，往往一飲而盡，興致來時能豪飲。酒微醉時，他常自言自語地說一通英語，大醉時，則時而法語，時而西班牙語，吐詞不清。因為有這一奇特習慣，他的親朋好友聽到他在酒席上口吐英語詞句了，便不再敬酒，以免發展到講法語、西班牙語的地步。王雲五喜歡以酒會友，平時儲藏名酒甚多，遇到酒會，便帶上兩瓶，與友人共用。他認為，隔些日子與友人共飲一次，微醉而止，是有益於健康的。

進入晚年期的王雲五，喜歡與友人和記者談養身之道，有時應邀外出演講健康長壽的方法，還寫過不少篇文章，介紹自己的健身經

---

1 臺灣《新生報》1967 年 7 月 9 日。

驗。其中，《我怎樣保持健康[2]》一文，堪稱其養身之道的集大成者。在這篇文章中，他不贊成「處心積慮」地保養身體，反對濫服補品。他主張生活順其自然，他說，最好的補養物便是陽光、空氣和水，都是不必化錢的「無價之寶」。我國上古有「日出而作，日入而息」的民歌，可見古人就懂得生活要順其自然。他說，十多年前他5點就起床，符合「日出而作」的習慣，而今起床更早些，是因為年齡的關係。他反對違背自然規律的生活節奏，批評道：「文明社會中的許多人，在日上三竿還高枕未起，但到了深夜，則往往依賴人工的燈光而不肯休息呢！」

呼吸新鮮的空氣，同沐浴日光一樣重要。過去，無論春夏秋冬，王雲五總不關閉窗戶，後來因為年紀老了，房間裡裝上了冷暖空氣調節器，「空氣可以藉此流通，才將門窗關起來」。即使如此，伏案一小時左右，他便要到室外露天處走動一會兒，呼吸一下新鮮空氣。多飲水，則「可對內臟發生清潔作用」。王雲五認為，飲白開水最有益健康，只是白開水淡而無味，他喝不下去，只能以茶代之，他說「我每日飲茶極多」，內臟乾淨了，身體就健康。

至於食物，三餐要有規律，食量應有節制，王雲五採取寧略餓不飽食的原則。偶爾因外間接連應酬聚餐，進食過多，第二天便「絕食」一、二次，以助自動消化，王雲五說，駱駝飽食後便要「絕食」，「因此我也常常以駱駝自命」。

多運動、多笑，王雲五認為這是保持身心愉悅的兩個要素。他喜

2　王雲五：《我怎樣保持健康》，載臺灣《中外雜誌》第10卷第1期。

歡「借步行以舒筋骨，卻因獨行無伴，時作時輟」，但每天堅持自己整理臥室、書房，自製早點，伏案間隙作短距離散步，有外出活動機會，盡可能參加。笑，是王雲五與生俱來的特性。那不是微笑，不是應景式的乾笑，而是朗聲哈哈大笑，幾乎每天都要哈哈大笑幾次，尤其與人高談闊論之際，不僅聲震屋宇，而且時常爆發出大笑聲，直笑到彎下腰來，淚花盈眶。他把這種個人的性格特點，也歸入養生之道：「高談大笑可以發抒心情，心情舒暢，則一切機能當然受此積極的激勵，而發生順利的作用。」

然而，新陳代謝、生老病死的自然規律畢竟不可抗拒。王雲五竭盡全力寫完《商務印書館與新教育年譜》之後，即 86 歲那年起，病痛纏身，精力明顯下降。此前幾年，他把自己整個兒浸入到書稿之中，奇跡般地連續不斷寫完數百萬字的書稿。過度用腦，使他患上了失眠症，有時徹夜失眠，白天昏昏沉沉。1974 年底到 1975 年初，記者胡有瑞幾次採訪他，對他的痛苦很表同情：「白天，一坐上躺椅，搖一搖就睡著了，可是，一入夜就睡不著，寫稿與看書全不行，就只有坐等天明。」面對相識幾十年的朋友兼記者胡有瑞，王雲五苦惱地長歎不已，兩眼看著書架，感慨萬千，好象答問又好象自語地說道：「真痛苦，我的體力不行了！可是，我一點也不糊塗，整天頭腦中就是想，想讀書，想寫作，也想社會諸事，想，想，想，真是愈想愈痛苦。[3]」

王雲五有一個宿願，即在晚年辦一所小學或幼稚園。他說，與孩童在一起，體會到童真和童趣，能使自己接觸到人的本性，激發起內

3　胡有瑞：《學術界奇人》，載臺灣《書評書目》第 21 卷第 14 期。

在的童真。但是，當他寫完幾部巨著後，已經感到力不從心，沒有餘力辦小學或幼稚園了。臺灣大學教授曾約農等發起，在臺北濟南路社會服務處辦了一所孤苦兒童補習班，王雲五被邀聘為執教人之一。春節期間，他以「公公」的身份，捐款招待這些兒童聚餐，他自己也參加，與孩子們笑談逗樂。他的善舉，他「返老還童」的情趣，也被臺灣媒體廣泛報導。照片上，他笑眯了眼，雙臂揮舞，與孩童們嬉笑玩耍，一副老天真的樣子，富有童心和人情味。

轉眼間，王雲五又面臨 88 歲的壽慶。正式生日來到前，王雲五的學生們按慣例為他提前舉行壽慶活動，考慮到他體弱不宜喝酒，改酒會為茶話會。他們眼看恩師老病衰弱，為了表達回報恩師栽培的反哺之恩，給他一個驚喜，決定各寫一篇紀念文章，集文成書，取名為《我所認識的王雲五先生》。這本紀念文集很快就編寫成稿，王雲五知道後十分高興，為之撰序：

今歲八十又八，正日人所謂米壽。彼邦重視，勝於九秩，國人亦漸染此習。政研所歷年同游諸子群集金華街政大中心，以茶點相慶。至友若干人亦不約而來參與。茶會中有人提議，為永留紀念，莫若以「我所認識的王雲五先生」為題，各就所熟知之一事，人撰一文，長短不拘，俾從諸角度為餘寫照，集個人提供之花朵，蔚為美麗之林園，非林園之真美麗，神工點綴之也。

《我所認識的王雲五先生》一書，以政大政研所歷屆畢業生所撰文稿為主，兼收若干名王雲五摯友的文章，多角度、多層面地記敘了王雲五的生平事蹟，尤其是他對臺灣文化事業的貢獻。該書作者大多

是王雲五的學生和晚輩，行文不免有溢美之處，但他們作為新一代的學者專家，取材可靠，記事真切，為研究王雲五留下了寶貴的資料。

1977 年 7 月 16 日（農曆六月初一）是王雲五 90 虛歲的生日，在傳統風俗習慣中，這又是個應該好好慶賀一番的壽辰，他的親友門生在臺北市延平路的「三軍軍官俱樂部」設置壽堂，隆重為他舉行九十壽慶。前來祝壽者達千餘人，其中有許多文化教育界知名人士。臺灣官方也很重視，「行政院」院長蔣經國、「總統府」資政張群與陳立夫、「考試院」院長楊亮功、「監察院」院長余俊賢等於上午 10 時前往壽堂祝賀。「總統」嚴家淦則在上午 9 時去王雲五家裡祝壽。壽堂中央高懸嚴家淦所題「碩學遐齡」壽軸，旁邊陳列其他達官要員的題詞，蔣經國的題贈為「碩德大年」。王雲五送給每位祝壽者《岫廬最後十年自述》一本，懇辭圖書以外任何禮品。在做壽前幾天，他就通過記者轉告各界：「如蒙寵賜，請送圖書，俾移贈雲五圖書館庋藏。」令王雲五高興的是，借九十壽慶之機，他收到了 5000 多冊贈書。壽慶儀式開始後，由張群致賀詞。王雲五致答辭 20 分鐘，情緒激動，言語感人：

> 一個人的生日正是母難之日。……雲五初生之時，先父以一位艱苦營生之人，要瞻養許多孩子的家庭，先母除獨自每日照顧一群小孩子的生活外，並無一位幫傭的人，卻在大熱天的陰曆六月初一把雲五生下來，不僅無福享用現代的冷氣機，甚至任何風扇都沒有一件。當雲五誕生不久，先母因熬不住酷署，而昏暈不省人事，那時先父一人東奔西跑，設法營救。我的一大群兄姊，除了大姊早死外，大哥才八歲，二姊才五歲，二哥四歲，三哥也早夭，三姊僅一歲。除大哥、二

姊能幫助先父一點小事外，對先母的救治毫無幫助，幸賴一位熱誠的鄰人，自行持了兩隻水桶，出外購些冰塊，放在桶中，送給先父置諸先母榻側，過了一時半時，先母居然蘇醒過來，想到這裡，雲五真不忍在母難之日慶祝自己的生日[4]。……

或許因為老年人不容易控制感情，或許因為情系已故親人，王雲五談「母難」時，情緒激動，聲音發顫，令聽者動容，以致全場肅靜，氣氛凝重，蔣經國也站立著，挺直了身子，腦袋微微低下，必恭必敬地聽他講完才離開。

在精力明顯衰退的最後幾年裡，王雲五常常沉浸在懷舊的情感中，面對記者，往往情不自禁地追敘他一生中永不褪色的奮鬥故事，尤其津津樂道於在大陸主持商務印書館的經歷，重複了一遍又一遍，老年人緬懷往事的特點表現得越來越明顯。記者們懷著對學界前輩的崇敬心情，總是選擇最佳角度，描述那已經為人們熟悉的故事，加入些採訪過程中王雲五脫口而出的妙語警句，撰寫成一篇又一篇王雲五採訪記。數以百計的報導，從各方面勾勒了這位老人的奮鬥歷程和業績，藉以激勵年輕學子奮發努力，刻苦成才。

已經很老很衰弱了，但是王雲五不服老不服輸，凡是他認為重要的文化活動，總要親自出席，有請必發言，一開口就收不住，長篇大論滔滔不絕。在公眾場合他極力表現鮮活生猛的形象，在家裡則不時被衰病折磨得坐立不寧。有一次，記者程榕寧同王雲五談得很投機，使他放鬆了警惕，洩露了自己「私生活」的秘密，程榕寧寫入採訪

4　載《世界中山同鄉總會、臺北市中山同鄉會會刊》第四期。

記，發表于《大華日報》，讀來令人對其頑強好勝的精神肅然起敬：

　　半個月前的一個早上，一陣頭昏，使他差點栽倒在家裡盥洗室的水泥地上，幸好他臨危不亂，極力使身體往後傾，雙手撐住牆壁和浴缸邊緣，重重的跌坐在一塊洗衣板上。事情發生後，他仍然準時趕到故宮，端坐著開了兩個半小時的會，仔細諦聽，侃侃發言。蔣複璁院長扶他上車，回到家裡，足足睡了兩天，身上的疼痛才稍微減輕[5]。

　　後來，王雲五雙腳行走不便，外出參加活動大為減少了，他的「書城」就成為他社會活動的主要場所。別人登門請他寫序作跋，贈詩題詞，他來者不拒，有請必應，苦思竭慮，總要想法子寫出些新意。更多的時候，思想在飛快地轉動，卻提不起精神來組織成文章，於是作詩填詞成為他的重要消遣方式。王雲五作詩填詞，重在敘事抒懷，不嚴格遵循詩詞格律。他曾將 100 首七絕給阮毅成看，後來又填了許多首詞，要阮毅成從詩詞格律角度予以品評。阮毅成以禮相待，不直接評論，他憶述道：「雲五……問我平仄協否？有無出韻？我總說，詩詞以能表達性靈與情感為主，不必過分受平仄與韻腳的拘束。近年，他又愛填詞，我每次去拜訪，他常將新詞寫好，貼在牆上，給我看，並問意見。我對於詞實在所知不多，更難以有所貢獻。但我覺得『老去填詞』，也不失為一種休閒的活動，所以總對他表示稱讚。[6]」

　　王雲五最後的長篇詩作，取名為《九秩百詠》，由 100 首仿古體詩組合而成，回顧了他一生的經歷。《九秩百詠》刊於 1976 年 6 月

5　臺灣《大華日報》1976 年 8 月 3 日。
6　阮毅成：《敬悼王雲五先生》，載臺灣《傳記文學》第 35 卷第 3 期。

臺版的《東方雜誌》上，又收錄在他的《岫廬最後十年自述》和王壽南編寫的《王雲五先生年譜初稿》中，由於《百詠》中含有許多歷史事件和他本人的典故，因而每首詩都有注釋，詳釋時代背景和事情的來龍去脈。這是王雲五以詩歌形式為自己寫作的一份傳記。

1976 年 12 月 12 日，《岫廬已故知交百家手箚》輯印完成，王雲五重讀友人生前書箚，百感交集，仿《點絳唇》詞調，填詞一首：

知好百人，別後永難謀一面，音消容變，手澤還得見。如沐春風，春去歸何處？人天隔，石火電光，只空懷群彥。

敘事言志，是王雲五所作詩詞的基本特色，時而借詩詞抒發情懷，大抵也屬於人生感悟之類的。這首《點絳唇》，憶往昔友人，淒涼悲愴，有遺世孤寂的傷感，這是長壽老人特有的感受。友人一個接一個走了，九十高齡的他舉目環顧，已難覓同齡同輩好友的蹤影。與他友情深厚的胡適、于右任、莫德惠等人都一一先他而去了。

胡適自 1958 年抵台後，與王雲五交往的機會增多，相互影響，互為奧援。1962 年 2 月 24 日，胡適因心臟病突發去世。2 月 26 日，王雲五寫挽聯寄託哀思：「虛懷接物，剖析古今問題，發揚儒家恕道；實證窮源，爬梳中西哲理，的是科學精神。」在自撰年譜中，王雲五回顧了他與胡適的深長情誼，以及最後幾年在臺灣的交往：

適之與我由學生而至交，與朱經農之與我相若。適之名滿天下，學生亦滿天下，而數十年來，迄於逝世前一星期，無論口頭或書面，無不稱呼我為老師。在我的生涯中，最大部分消磨於商務印書館之任

務，然推薦我於商務印書館當局者實為適之。適之……自美返台以後，其言論行動輒與我商量，亦多受我的影響，即其回國就中央研究院院長職務，亦由於我力勸。因此，彼此間之關係實甚深切[7]。

1964 年 11 月 10 日，國民黨元老于右任在「監察院」院長任內去世。在中國公學任教時，王雲五與于右任已結為好友，友情交往達半個多世紀之久，兩人都是著名文化人，都有「學者從政」的經歷。于右任留下遺囑，去世後把他的遺體葬在高山上，面對大陸，以慰生前思念故鄉之情。王雲五送他的挽聯中有「死葬高山望中原」之語，便是複述于右任的遺願，兼以寄託自己的鄉思。

1968 年 4 月 26 日，前「考試院」院長莫德惠故世，王雲五贈以挽聯：「論交三十年如兄如弟，共事四五年同心同德。」莫德惠是著名無黨派人士，在抗戰期間開始參政從政，後來去了臺灣，擔任過「考試院」院長，曾被提名為「總統」候選人；王雲五曾在臺灣「考試院」任副職，也曾被提名為「副總統」候選人。他倆都在抗戰時期以無黨派身份參政從政，後來轉向國民黨，做過大官。在臺灣政壇為數不多的無黨派人士中，他倆的資歷最深，年齡最老，被稱為「黨外元老」。莫德惠去世後，王雲五成為僅存的「黨外元老」了。

高處不勝寒，壽長添孤寂。年齡相仿的知交相繼去世，王雲五的孤獨感與時俱增，即使天倫之樂，他也無從充分享受。王雲五共育有 8 位子女，大多旅居海外，孫兒輩、曾孫輩人數眾多，但難得見上一面。旅居海外的子女孫兒們原打算攜帶他們的子女，返台為王雲五做

7　《自撰年譜》，見《年譜初稿》，第 1221 頁。

九十壽慶，他一一去信勸阻，認為往返旅費太貴，還要影響工作。他說，與其晚輩們返台祝壽，「不如我們老倆口去國外避壽，讓他們盡盡孝心，飛機票卻省得多了」[8]。但是，晚輩們沒有悉數返台參加壽慶，失去了最後一次全家大團圓的機會，又使他悵然若失。他雖然與淨圃、馥圃兩位老伴共同生活，但他習慣於蝸居「書城」靜思、讀書，平日起居乃至外出散步，均獨自行動。

1974 年起，王雲五健康狀況每況愈下，與人聊天，常談及死的問題，並開始考慮覓一塊風水寶地作去世後永久安居之處。這一年的 9 月 24 日，王雲五由阮毅成、孫亞夫陪同，來到臺北縣樹林鎮附近的淨律寺，主持新建大雄寶殿破土典禮，並施金 2 萬元，又於該寺書房內當眾題贈「閎揚佛典」匾額。次日，淨律寺廣元法師趨王雲五寓所拜謝，王雲五對他說：「我很喜歡你山寺風水的清秀，不知你公墓內尚有多餘的地沒有？我想留塊地，聽說陽明山公墓都葬滿了。」廣元法師當即答應為他物色風水寶地。據廣元法師憶敘，回寺後，他「邀請了一位地理名師楊炳輝將軍，慎重的選定了個山頭（青龍回頭飲水勢），寫好奉獻書，一同送去，並由楊將軍當面報告山形地勢」[9]。

1979 年春夏之交，王雲五的健康狀況急劇下降。7 月 6 日，他以「不明熱」急診被送入臺北榮民醫院，12 天后出院。7 月 25 日，他鼓起僅剩的氣力，為張元濟的《涉園序跋集錄》寫跋文。這是王雲五寫的最後一篇序跋文，也是他一生中寫的最後一篇文章。商務印書館

8　彭桂芳：《一生豪氣干雲——岫老的十年再奮鬥》，載臺灣《國魂》第 375 期。
9　釋廣元：《我與岫師認識之經過》，載王壽南主編：《我所認識的王雲五先生》。

是他開始「發祥」的寶地，他最後一篇「絕筆」文章是為長期共事的商務老前輩張元濟而作，真乃巧合。這篇跋文選材精當，要言不煩，重點突出，持論中肯，恭敬崇仰之意流露在字裡行間，是王雲五在生命最後階段難得的好文章，對於研究張元濟和王雲五本人，乃至研究商務印書館，都不失為寶貴資料。這篇跋文未能收入 1977 年編印的《岫廬序跋集編》，茲抄錄如下：

涉園者，海鹽張菊生先生元濟之書齋也。揣其命名之意，殆為涉水未深，自謙其為學之膚淺；實則菊老於舊學無不深究，尤以版本校勘為最，於新學亦不無博通，故其處世致用之方，多令科學化也。菊老世代書香，家學淵深有自。自宋張九成以迄清末，科第迭出。菊老甫逾弱冠，即入詞林。散館後，考入彼時總綰外交之總理各國事務衙門，於國際形勢瞭若指掌，任職京華時，即提倡革新，首先就革除纏足陋俗，解放婦女，大疾呼聲，為彼時士大夫所未嘗道及，故其對維新之號召，遠在康、梁之前。及戊戌維新失敗，康、梁亡命海外，六君子授首市曹以後，菊老竟被牽累，革職永不敘用。於是被南下，道出上海，為南洋公學所禮羅，聘任中文總教習，與西文總教習美人福開森博士甚相得，相約交換語文學識。不數年菊老已能以英文撰寫交談，不讓英文專家矣。

彼時商務印書館由華美書館職工四人發起創業，其始甚著成績，越數年後，終以非讀書人營出版業，未能繼續進展，於是其發起人之一夏君堅勸菊老加入主持編輯大政，經菊老同意後，首設編譯所，除國語重要教科參考圖書外，別設涵芬樓為編譯所參考資料館。二十餘年搜羅中外圖籍，為全國之冠，其中善本尤多，冠於全國。自民國四

年（1915）起，景印善本叢書，以期大眾化。其最早而最著稱為《四部叢刊》正編，都六千四百九十九卷，訂為四百四十冊，其中無一非宋元舊槧或後代精印精校者，而出自涵芬樓所藏者約占半數，余則分向海內藏書家三十餘處徵集，蔚為善本之大成。自時厥後，菊老繼續廣搜善本，妥為編輯，付諸景印，都三百三十餘種。每書皆由菊老就其專精版本學之長才，一一加以考證。茲經同人依四部次序，集其所為序跋三百餘篇，彙刊為一冊，顏曰《涉園序跋集錄》，讀此不僅可知菊老在其直接間接主持本館之下所刊行之善本，且可藉此獲得版本學之精要也。

余於民國十年（1921）以後加入本館，為第三任編譯所所長，漸與菊老為忘年交，無話不談。菊老平素偽謙逾恒，一日笑語餘曰：「餘平素對版本學不願以第二人自居，茲以遠離善本圖書薈萃之故都，或不免稍遜傅沅叔（增湘）矣。」即此一語，可知其對版本學自信之造詣。余於跋《涉園序跋集錄》之末，謹贅一言，以留鴻爪[10]。

王雲五為《涉園序跋集錄》作跋之時，祖國大陸已走上改革開放之路，北京商務印書館與香港商務印書館的交往更為密切，與海外其他商務出版機構的交往的管道逐漸溝通。臺灣商務印書館編印張元濟所撰《序跋集錄》，王雲五為之作序，也是處在兩岸文化學術交流逐漸增多這個大背景之下的作為。王雲五寫完這篇序文後的第 10 天，患上肺炎，再次入住榮民醫院。這時，他在上海的一位老朋友、商務老同事潘序倫正在給他寫信。由於海峽兩岸尚未直接通郵，潘序倫的信刊登於香港《大公報》，題為《潘序倫書壽王雲五》。87 歲的潘序

10　《年譜初稿》，第 1852—1853 頁。

倫在這封信中憶敘舊誼，回顧王雲五與商務印書館的歷史情結，以及他還沒有了卻的出版心願，講述祖國大陸的形勢與出版盛況，並懇切曉以大義，盼望「弟兄和合」，期待有朝一日能「為兄奉觴，同申慶賀」。這封文情並茂的信，既表達了商務老同人對王雲五的敬仰思念之情，也反映了祖國大陸方面沒有忘記他對文化出版事業所作的貢獻，希望他為兩岸文化交流作出努力。茲將此信照錄如下：

雲五我兄道鑒：

比讀報紙，欣悉我兄歡度九旬榮慶[11]，且健康勝常，矍鑠依依，下風邈聽，實深感慰。與兄睽違三十載矣，倫亦虛度八十又七春，緬懷夙惜過從，猶在目前，翹首雲天，每覺神馳左右，想望彌殷。倫以垂暮之年，處昌明之世。每當燕樂，海上舊友畢集，遠懷風範，倍增停雲落月之思，因綴短草，為我兄壽。

國家三十年來，旋轉乾坤，厥功甚偉。前此雖受「四人幫」之破壞，稍有磋跌，然有華、鄧諸公當國以來，撥亂反正，百廢俱興，以圖書出版工作而論，亦大非昔比。猶憶我兄在滬之日，彼時雖執圖書出版業之牛耳，然每一書出，印數不過數千而已。即《四部叢刊》、《萬有文庫》等類書，廣告焉、預約焉、附增書櫥焉，盡力宣傳推銷，然其印數，仍極有限。今日則不然，一書之出，印數動輒一、二十萬，猶供不應求，難副眾望。即此一點，足征國家文化學術之發展，非過去之可同日而語也。尤足為我兄告者，我兄創制之「四角號碼檢字法」，國家仍極珍視，為出版界與教育界所廣泛應用，年前所出之《四角號碼字典》，備受讀者歡迎。即《辭源》一書，國家亦已

11　1979 年 6 月 24 日（農曆六月初一）臺灣各界為王雲五作九二壽慶，其時王雲五虛歲 92，周歲 91，故潘敬倫以「九旬榮慶」概之。

集各地飽學之士，重加修訂，俾使之更臻完善，充實內容，繼續出版。凡此種種，當為我兄所樂聞，亦足以告慰我兄夙昔之抱負也。

猶憶一九四七年我兄離滬之前，曾將多年收集之詞彙卡片數十萬張，交由倫當時主持之立信會計專科學校保存。建國以後，倫以為此屬文士之心血，國家之財富，理應歸之國家，俾發揮其應有之作用，因代為交與國立圖書館保存。我兄曾有志於將此材料，編著《中華百科全書》。今國家已在京、滬等地，設立大百科全書出版社，網羅人才，全力以赴，遙想百科全書問世之期，定不在遠。倘仗履在此，倫知當亦為之莞爾首肯也。蓋使理想成為現實，寧非人生一大樂事乎？

嗟夫我兄，我等相別之時，猶當盛年，今則垂垂老矣。三十年來，雖一水非遙，然魚雁鮮通，思念之情，與日俱增。念人為之障礙，每用慨然。今者，中美建交，已成現實，弟兄和合，重見端倪。故園春意盎然，桃李成蔭，尚望早日歸來，共襄「四化」大業，促我中華民族，巍然卓立於天地之間，則我兄百旬榮慶之時，倫亦得叨陪末座，為兄奉觴，同申慶賀。此為倫之素願，不審我兄亦有此意否耶？紙短情長，不盡欲言，肅布腹心，預以壽兄，臨款盼禱，餘不一一。

弟潘序倫拜啟

一九七九年八月於上海[12]

潘序倫致王雲五的書信，同王雲五為張元濟《序跋集錄》所寫的跋文，時間相差不過旬日之間，商務元老情結縈繞于懷，借時勢開始轉變之機，兩人不約而同訴諸文字，公佈於世。令人惋惜的是，王雲

12　香港《大公報》1979 年 8 月 13 日。

五為張元濟作品寫跋文時，張元濟已經作古；潘序倫的信，王雲五也失之交臂，永遠看不到了。8 月 4 日王雲五住進榮民醫院後，肺炎得到控制。他急著要回家，去完成手頭的工作，經親友們勸說，暫時留住在醫院裡進行康復性治療休養。個性好強的他，念念不忘回到自己的書齋，再度握管書寫，勉強住院，使他的情緒有點煩躁。不料 8 月 14 日凌晨他心臟病突發，搶救無效，於上午 6 點 30 分在榮民醫院逝世。8 月 22 日下午 3 時，其遺體大殮儀式在榮民醫院舉行，由嚴家淦主持。出席儀式的有陳立夫、穀正綱、葉公超、郭澄、郭驥、蔣複璁、馬紀壯、阮毅成等政要，以及他生前的學界友好與門生 100 余人，還有他的家屬。9 月 13 日，「總統」蔣經國明令褒揚王雲五，說他「久參憲政建國大計，力謀民族文化復興，竭誠翊贊，同濟艱難，複致力於教育學術事業，著作等身，裁成尤眾。衡其畢生業績，不惟流譽當時，亦且垂名來葉。茲聞耆老溘逝，震悼良深，應予明令褒揚，用示政府篤念勳德之至意」[13]。9 月 14 日清早起，臺灣各界人士彙集臺北市民權東路市立殯儀館，為王雲五舉行祭奠儀式。上午 8 點，其家屬先在該館舉行家祭儀禮。8 點 50 分，蔣經國獻花於堂前，並頒贈「耆勳亮節」挽額。接著，嚴家淦主持公祭儀式，前往致祭的各界人士 2000 餘人。儀式舉行後，隨即引柩前往臺北縣樹林鎮，將王雲五安葬於淨律寺佛教墓園。墓銘由他的高足、時任香港中文大學新亞書院院長的金耀基撰寫。

蓋棺論定，布衣卿相未足稱，文化出版功千秋，奮鬥精神堪勉後人。

13　《年譜初稿》，第 1855 頁。

王雲五的幾次壽慶活動和最後的喪禮，國民黨最高級官員幾乎悉數出席，這不僅僅是表示對他在文化、教育、出版等方面貢獻的肯定。王雲五是位多側面多色彩的風雲人物。他在文化事業上取得的成就是世所公認的，但他又參政、從政、附政，長期在政治上追隨國民黨。

　　王雲五長期當官經歷的契機，始自抗戰後期受到蔣介石的格外垂青。從內因看，王雲五本人深受中國傳統政治文化中「忠君」觀念的影響，因此對國民黨的專制統治雖不贊同，但不作公開的批評，對於份內的「官務」盡責守職。從王雲五本人的價值觀看，他從少兒時代起便渴望金榜題名，民國初年進入中央機關，他視之為「學而優則仕」的開端。20 年代初，官場失意之餘，主持商務印書館，不意成就顯著，成為社會名流。憑了商務事業中贏得的名氣，他抗戰時期參政議政，此後從政當大官，他稱之為「商而優則仕」。儘管政績乏善可陳，為官名聲不佳，但布衣卿相的騰飛，圓了他的官夢，使曾受過一些傳統教育的他對蔣介石產生「謝主隆恩」的感激之情。

　　全國大陸解放前夕，他從廣州遷居香港，對退往臺灣的國民黨缺乏信心，他本人在財政部長任上搞的金圓券案也令他名譽大損，本不想再為官做花瓶的。但他經不住蔣介石一再懇請，再次進入政界。在臺灣「考試院」副院長這份清閒的官差任上，他只分出小部分精力應付公務，主要精力仍用於撰寫文章。直到蔣介石將調研行政改革方案的工作交給他負責，他才全力以赴，力圖切實改革弊政。在設法改革臺灣弊政期間，王雲五試圖運用企業的科學管理法，來革除官場舊制度舊習氣，表現出「學人從政」的書生意氣，但政壇畢竟不是商界，

諸種關係要複雜得多，他又沒有足夠權力，改革推行不下去，終究鎩羽而歸。臺灣的行政改革雷聲大，雨滴小；主持改革的王雲五職位高，實權小。王雲五在公開場合不便指責國民黨因循守舊，卻以自我調侃的口氣表達自己純真不虛偽，坦率不裝腔，以作反襯。他對「考試院」原秘書許正直說，他自己生性「活潑有餘而穩靜不足」，做不好官，他自我表白道：「我喜歡開玩笑，逗樂子，似乎缺少那麼一點莊嚴矜持的『官態』。其實，我並非不會裝扮道貌岸然狀，可就是不甘心那麼表演，你說怪不怪！[14]」

王雲五在世時，他的高齡與社會聲望，使臺灣輿論界「不忍心」直率地批評他的為官之道與平平的政績。他去世後，其生前好友、門生故舊對他一片歌功頌德，悼念他的文章措辭恭敬，溢美成風。這時，蔣介石已去世近 4 年，臺灣輿論控制稍有鬆動，有些人看不慣過度頌揚的浮誇風氣，將 30 餘年前發生的金圓券風潮兜了出來，指責王雲五「誤國殃民」，有些人則認為他在文化出版事業上的成就固然應予肯定，從政生涯的平庸也應給予實事求是的評論，兩者不必混為一談。其中，朱文伯評王雲五，銳利而不失公正：「雲五先生真不愧為當代的『奇人』，社會的『好人』，學術界的『通人』，企業界的『巨人』。不過，人不是神，不會十全十美。如果就政治方面的建樹而論，好象還缺乏一股浩然正氣。」「因缺乏至大至剛不屈不撓的浩然正氣，在政治界，雖居高位，未成大事，雖負重望，未立大信。」「他不是三緘其口的人，對同胞，對公教人員，甚至對外國人，常有談話發表，何以對政府吝于進言呢？是不是怕『得罪於巨室』呢？[15]」

14　許正直：《王雲五軼聞趣事》，載臺灣《中外雜誌》第 28 卷第 5 期。
15　朱文伯：《「蓋棺論定」論王雲五先生》，載臺灣《民主潮》第 29 卷第 9 期。

金耀基是王雲五最為賞識的弟子，他充分肯定了王雲五在文化、出版、教育等方面的成就，預言其必將產生極為深長的影響，但對王雲五的政治生涯不作直接評價，而是很巧妙地將「政治」兩字輕輕帶過，強調功過難分，暗示其從政為官的經歷不足稱道：

　　雲五先生在文化、出版、政治、教育上的許多事業與工作，自有他個人獨特的成就，但有些卻與時代社會的人物、問題牽纏一起，那些是個人的，那些是時代的或社會的，就很難分得一清二楚了。甚至這裡面的是非功過，多一分，少一分，增一點，減一點，恐怕也只有讓以後的史家去分析了[16]。

　　這段評論婉約而有餘味，誠非虛言，不作直面評析，乃弟子不便評議恩師也。可話得說回來，金耀基點到即止的評說，也有其道理與深意。王雲五個人的某些經歷，是與時代、社會的劇變息息相關的，他有時自覺地投身其間，急流勇進，有時被動地捲入其間，隨波逐流。其個人政治上的是非曲直因此而模棱，也因此而分明，論者從不同角度立論，可以作出不同的評析，乃至截然相反的結論。

　　王雲五複雜的人生經歷，既有偶然機會所起的作用，也有他內在素養屆時必然反映的因素。他那碩大無朋的腦袋裡，塞滿了古今中外形形色色的思想觀念，精華與糟粕並存，機遇同思想精華結合，便放射異彩，機遇與思想糟粕相碰撞，便黯然失色。而他在任何職位上，只要投入其間，便盡心竭力，負責到底，以自己的理解來扮演好相應的角色，亮麗和灰暗的色調，出現在他人生同一塊畫面上，顯得很不

16　金耀基：《王雲五先生之人間壯遊》，載臺灣《聯合報》1979 年 8 月 23 日。

協調。金耀基曾撰寫《我所認識的王雲五先生》一文，在高度評價恩師王雲五獨特的文化成就之餘，留下一小塊天地，刻畫王雲五的立體形象：

在我接識的人物中，王雲五先生是一位奇人。他無疑是我所知道的人中最奇特，最有原始的生命力以及最多姿多彩的人。他有時很傳統化，但也熱烈地接受現代意識和作風；他有時很現代化，但他擁有濃厚的傳統的情調與德操。他是中國社會在中西、新舊衝突激盪時期中的產物，在他的身上，我們可以看到中的與西的、新的與舊的色彩，這些色彩不是拼湊的而是混合的，不是曖昧的而是鮮明的。在人生的舞臺上，他扮演過各種不同的角色。小學徒、大出版家、教授、民意代表、內閣副總理（指「行政院」副院長職），……對每一個角色他都以全部的精神加以擁抱，因此每個角色都演得有聲有色[17]。

縱觀王雲五一生，扮演過眾多角色，有些角色在時間上是相互交錯的。晚清期間，他以刻苦求讀、自學成材為特色，半工半讀，半教半讀，以任教中國公學為止境。在此階段，他積累了廣博的學識，中學西學均達到相當水準，還交結了一批朋友，為日後的進取打下了基礎。這是他個人生涯的第一個方面。

第二方面，主要是做「事務官」的經歷。1912 年民國政府建立之初他進中央機關，到 1919 年在三省禁毒員任上辭職，8 年多時間裡以擔任政府公職為主，在北京的中國大學兼職教過幾年書，間或為報紙撰寫社論與其他文章。這段從政經歷，只能稱之為「跨入政門半

---

17 金耀基：《我所認識的王雲五先生》，載王壽南主編：《我所認識的王雲五先生》。

隻腳」，官職雖時有升遷，大抵皆屬於「事務官」，未進入中央高級官員行列。

他個人生涯的協力廠商面，即主持商務印書館，由此他成為公認的大出版家、社會名人。1921 年秋他出任商務印書館編譯所所長，統領該館編輯、出版事宜；1930 年起任該館總經理，全面管理館務；直至 1946 年上半年辭職，實際主持商務印書館達 25 年之久。這是他個人事業的最光輝階段，數次將商務印書館救出困境，堅持大量出版高品位的學術文化著作和有益於社會和教育事業的通俗性讀物，並使商務印書館業務蒸蒸日上，30 年代中期該館出版圖書的種類和冊數占全國出版物 40%以上。王雲五不拘一格吸納人才入館，給文化知識界新老精英、後起之秀提供出版機會，在人才培養上也作出努力與貢獻。此外，他率先引入歐美發達國家的「科學管理法」，對於重振商務事業，對於在國內推介企業現代科學管理法，自有其獨到功勞。他發明的中外圖書統一分類法風靡一時，他發明的四角號碼檢字法至今廣有影響，在相當大的範圍內被人們所樂於使用。1964 年 6 月至 1979 年 8 月去世，他擔任臺灣商務印書館董事長 15 年，親理館務，力行改革，給一個半死不活的出版機構注入生機，使之成為臺灣出版界的佼佼者，出版了大量文化學術著作，尤其重版古籍經典，在臺灣弘揚中華優秀傳統文化，意義尤為深長。王雲五主持商務印書館與臺灣商務印書館，前後共達 40 年。他的姓名和業績，與商務印書館緊緊相連，流芳後世。

他個人生涯的第四方面，是從政當官。從 1938 年擔任國民參政員，到抗戰後期，屬於參政階段。1947 年至 1979 年他擔任「國民大

會」代表，其代表身份與所作所為不妨稱之為「附政」。其間，1946年上半年到 1948 年秋在南京從政當大官，先後擔任經濟部長、行政院副院長、財政部長；1954 年至 1963 年，在臺灣先後擔任「考試院」副院長、「行政院」副院長。當大官的經歷累計十多年，政績平平，將永遠記在歷史記事本上的是 1948 年奉蔣介石之命主持幣制改革，釀成禍及整個國統區的金圓券風潮。在臺灣，則以主持行政改革方案聞名，但虎頭蛇尾，不足稱譽。

他個人生涯的第五方面，是觀察時局變化、等待時機的 10 年，可分為兩個階段。1917 年解除禁毒員職務到 1921 年進入商務印書館，這 4 年閉門讀書，為個人進取積累文化知識。1948 年辭去財政部長職到 1954 年出任臺灣「考試院」副院長之間約 6 年時間，既未做官又未經營臺灣商務印書館事業，先後在廣州、香港、臺灣生活，以寫作為生，交結「自由人」，經辦華國出版社。

王雲五 90 餘年的生涯，大多用於讀書、寫作、經營出版、搞文化教育事業。其間，從事過 8 年「事務官」工作，做過 12 年「政務官」。即使在擔任政府公職階段，他仍利用空餘時間讀書、寫作，很少中斷。

在近現代中國，各色高級官員多如過江之鯽，王雲五只是其中一條不起眼的小魚，即使主持過哄動一時的金圓券改革，也是秉承最高當局的意志行事，如果沒有王雲五，蔣介石很容易物色到張雲五、李雲五來代替他。王雲五在官場上追隨國民黨，起的是花瓶的作用，為國民黨一黨專政作點綴。其可利用的價值，一是無黨派身份，二是聲

望高，資歷深。然而，正是由於「非党人士」的身份，決定了王雲五在國民黨政府中不可能有所作為。在中國近現代歷史上，多少政界人物生前轟轟烈烈，死後便灰飛煙滅。王雲五的為官經歷遠遠夠不上轟轟烈烈，若論其政治作為，則決無必要專門作傳。但是，作為王雲五完整的一生，他的為官生涯畢竟是不可或缺的一部分。

不管怎樣，王雲五這個名字不會被人們遺忘，因為他為中國文化出版事業所作的貢獻具有久長的價值。只要論及中國近現代出版歷史，商務印書館總是被列為第一，王雲五的業績便或多或少、或隱或顯要地被提及。只要提到漢字檢字法，王雲五發明的四角號碼檢字法便不可忽略，它與拼音法、部首法並列為當代漢字三大檢索法，而且具有使用方便、檢字快捷的優勢。國內許多新一代企業家，在 80 年代初剛聽說企業的科學管理法，他們或許並不知道，王雲五乃是半個世紀以前已在中國系統推介這一方法的第一人。王雲五在這方面的貢獻，同樣不應該被遺忘。研究西方企業科學管理法在中國推介與傳播的歷史，理應補記上王雲五的早期貢獻。他苦學成才的奮鬥精神，在三、四十年代曾激勵過眾多有志學子，50 至 70 年代又成為臺灣學子學習的楷模。從苦學苦讀至樂學樂讀，不斷吸取文化知識，這種勤奮好學的精神雖然未必要冠以王雲五三個字，但王雲五的苦學精神，確實在祖國大陸和臺灣激勵過無數莘莘學子。令人略為遺憾的是，王雲五一生撰文數百篇，著譯 90 種，能列入傳世之作的並不多，即使他晚年寫的學術巨著《中國政治思想史》和《中國教育思想史》，其「巨」在於篇幅長、字數多，而不在學術精深，雖然體例頗為別致，也有些思想閃光點，但在學術方面尚不能獨樹一幟，誠如金耀基在

《我所認識的王雲五先生》一文中所評述的那樣:「他晚年寫的幾本中國各種思想史,出書速度之快,所論層面之廣,後學如我,真自歎萬不可及,但比較說來,恐怕各書是勝在通俗簡明,並不能充分顯露其真正的原創力和功夫。」其原因為:「也許是他天分太高,太不肯作自我的劃限,因此他的精力分得太散,有時不免淵博掩過了精湛,廣度犧牲了深度。」到八十多歲的高齡,才將「由博返約」付諸實踐,已經難以進行深入的學術性辨析。這可以說是王雲五的終身遺憾——未能留下一部足以傳世久遠的學術著作。但是,他的《岫廬八十自述》、《商務印書館與新教育年譜》,卻為後人留下了極為寶貴的史料,為中國近現代史的研究,展現了鮮為人知的一頁。

在結束這部傳記之際還值得一提的是,在王雲五生命最後階段失之交臂的大陸與臺灣商務印書館的業務交流,現在已經建立起來,並正在為統一大業作出有益的貢獻。王雲五的高足金耀基在商務創辦九十五周年之際,寫下了這樣一段話:

最近幾年,由於大陸、臺灣、香港三個中國人社會出現了可喜的互助,文化學術上的交流更獲得重要進展。大陸、臺灣與香港三地商務印書館也在四十年隔絕之後,重新建立起感情上與業務上的關係。商務的傳統,使各館的「商務人」有一家人重聚的感覺。顯然的,文化中國是中國讀書人一個不移的信念。凡是讀中國書的人,都會相信三地的學術文化的交流是豐富文化中國的基本條件,而三地的商務印書館的合作則正可以為文化中國作出貢獻[18]。

---

18 金耀基:《商務印書館與中國現代化》,載《商務印書館九十五年》。

王雲五泉下有知，也一定會為此感到欣慰的。

昌明文庫·悅讀人物　A0603022

王雲五評傳　下冊

作　　者	郭太風
責任編輯	蔡雅如

發 行 人	陳滿銘
總 經 理	梁錦興
總 編 輯	陳滿銘
副總編輯	張晏瑞
編 輯 所	萬卷樓圖書股份有限公司
排　　版	菩薩蠻數位文化有限公司
印　　刷	百通科技股份有限公司
封面設計	菩薩蠻數位文化有限公司

出　　版	昌明文化有限公司

桃園市龜山區中原街 32 號

電話 (02)23216565

發　　行　萬卷樓圖書股份有限公司

臺北市羅斯福路二段 41 號 6 樓之 3

電話 (02)23216565

傳真 (02)23218698

電郵 SERVICE@WANJUAN.COM.TW

大陸經銷

廈門外圖臺灣書店有限公司

電郵 JKB188@188.COM

ISBN 978-986-496-016-3

2017 年 7 月初版

定價：新臺幣 280 元

如何購買本書：

1. 劃撥購書，請透過以下郵政劃撥帳號：

帳號：15624015

戶名：萬卷樓圖書股份有限公司

2. 轉帳購書，請透過以下帳戶

合作金庫銀行　古亭分行

戶名：萬卷樓圖書股份有限公司

帳號：0877717092596

3. 網路購書，請透過萬卷樓網站

網址 WWW.WANJUAN.COM.TW

大量購書，請直接聯繫我們，將有專人為您

服務。客服：(02)23216565 分機 10

國家圖書館出版品預行編目資料

王雲五評傳 / 郭太風著. -- 初版. -- 桃園市：

昌明文化出版；臺北市 ：萬卷樓發行,

2017.07

　冊；　公分. -- (昌明文庫；悅讀人物)

ISBN 978-986-496-016-3(下冊 ： 平裝)

1.王雲五 2.臺灣傳記

783.3886　　　　　　　　　　　106011167

本著作物經廈門墨客知識產權代理有限公司代理，由北京師範大學出版社（集團）有限公司授權萬卷樓圖書股份有限公司出版、發行中文繁體字版版權。